나는 5년마다
퇴사를 결심한다

SHIGOTO WA 5-NEN DE YAMENASAI by MATSUDA Kota

Copyright © 2008 MATSUDA Kota
All rights reserved.

Originally published in Japan by SUNMARK PUBLISHING INC., Tokyo,
Korean translation rights arranged with SUNMARK PUBLISHING INC., Japan
through THE SAKAI AGENCY and GAON AGENCY
Korean translation copyright © 2016 by Korean Studies Information

나는 5년마다
퇴사를 결심한다

마쓰다 고타 지음
오경순 옮김

이담
Books

나는 5년마다
퇴사를 결심한다

초판인쇄 2016년 5월 13일
초판발행 2016년 5월 13일

지은이 마쓰다 고타
옮긴이 오경순
펴낸이 채종준
기 획 이아연
편 집 백혜림
디자인 이효은
마케팅 황영주

펴낸곳 한국학술정보(주)
주소 경기도 파주시 회동길 230(문발동)
전화 031-908-3181(대표)
팩스 031-908-3189
홈페이지 http://ebook.kstudy.com
E-mail 출판사업부 publish@kstudy.com
등록 제일산-115호 2000.6.19

ISBN 978-89-268-7215-4 03320

"오늘은 여러분의 첫 출근 날입니다.
우리 회사 입사를 진심으로 환영합니다!
하지만 5년 후에는 모두 그만두었으면 합니다."

입사환영식 인사말로 이렇게 첫마디를 꺼내면 신입사원들은 하나같이 놀란 표정으로 다음에 내가 무슨 말을 할까 하여 숨죽인 듯 조용해진다.

5년 후, 그만두어라.

물론 이 말은 입사 후 5년이 지나면 하던 일을 내팽개치라거나, 직장생활 5년이면 어느 정도 할 만큼 했으니 그만둬도 좋다는 말은 절대 아니다.

저마다 개인차가 있겠지만 우리가 어떤 단계를 거쳐

숙달이 되기까지는 대체로 5년이라는 기간이 걸린다고
본다. 그렇다면 왜 5년일까?

초등학교 시절부터 아버지께 늘 들어왔던 말은 "무슨
일을 시작했다면 3년 동안은 죽기 살기로 열정을 쏟아라"
였다. '고진감래(苦盡甘來)'라는 사자성어처럼 제아무리 힘
들고 희망이 보이지 않고 괴롭더라도 적어도 3년은 계속
해야만 한다고 말이다.

한편 알다시피 올림픽이나 월드컵 등은 4년을 주기로
개최되는데, 이는 운동선수들이 육체적으로나 정신적으
로 극한까지 힘을 쏟아부을 수 있는 시간이 4년이기 때문
이라는 주장이 있다.

운동선수들은 정신과 육체 모두에 보통 사람 이상으로
강한 에너지를 쏟아부어 스스로를 단련한다. 나와 같은
보통 사람들은 운동선수만큼 심신을 혹사 혹은 단련하지
않는다는 것을 감안해 1년을 늘려 '5년'이라는 기간을 설
정하였다.

이런 식으로 언제부턴가 나의 인생설계는 '5년 단위'가
되었고, 펠로우(역자주: 직원을 부르는 호칭. 창업 당시 전 직원을, 심지
어 아르바이트생까지 구별 없이 이렇게 부르고 있다)에게도 5년 단위로

자신의 경력을 되짚어보는 습관을 들이라고 권하고 있다.

실제로 얼마 전에도 펠로우 한 명이 '그만두고 싶다'는 말을 꺼냈다.

"입사를 하고 마침 5년이 지났어요. 다음 단계로 벤처사업에 도전해 보고 싶습니다"라고 하면서 말이다.

온전히 회사만을 생각한다면 직원의 이탈은 백 퍼센트 대단히 큰 타격임에 틀림없다. 하지만 진정으로 그 직원을 위한다면 새로운 환경에 도전하고자 하는 정신은, 단언하건대 그 사람에게 훗날 유용한 양식이 된다.

경영자로서는 실격일지도 모르지만 나는 앞으로도 더더욱 성장하고 미래를 향해 크게 날갯짓할 펠로우의 선택에 대해서는 언제나 기분 좋게 격려하는 마음으로 흔쾌히 배웅할 것이다.

5년이란 시간은, 나날이 거센 파도처럼 밀어닥치고 차곡차곡 쌓이는 다양한 경험을 '내공'으로 만들 수 있는 기간이다.

일을 하면서 하루하루 겪게 되는 다양한 사안들이 5년이나 축적되면 내공이 쌓여 자신만의 업무 스타일이나 사고방식이 생겨 어느새 어떤 하나의 체계가 서게 된다.

예를 들면 신입사원에게 있어 입사 후 5년이란 시간은 직장생활에서 가장 성장 가능한 기간이라는 사실에는 의심할 여지가 없다. 회사에서 배워야 할 모든 일을 배우고, 수많은 선배나 상사의 좋은 점을 받아들이면서 직장인으로서 힘찬 출발을 한 사람에게 5년 후의 모습은 입사 당시와 비교했을 때 전혀 딴사람처럼 그려질 것이다.

한편 현재 입사 5년 차 사원에게 5년 후라 함은 '10년 선수'라고 불릴 시점이다. 웬만한 실패나 작은 성공을 체험하는 동안 나름의 행동방식이나 사고방식의 틀을 갖추게 되는 그런 시기라고 말할 수 있다. 또한 시행착오를 반복하는 사이 일에 '솔솔 재미가 붙는' 그런 시기이기도 하다.

만약 여러분이 현재 30대 중반의 관리직이라면, 5년 후에는 불혹을 맞이하며 바야흐로 관리직으로서 부하를 통솔하고 리더십을 발휘해 회사를 이끌어 나가는 입장에 있게 된다. 더불어 사회가 요구하는 능력이나 자질이 예전과 다르게 변화하는 사이 그에 걸맞게 한 인간으로서도 크게 성장하는 시기이다.

단순히 이직으로 경력 향상을 고려하는 사람이 아니더라도 5년 단위로 일을 숙고하는 것은 인생의 역량 강화에 대단히 유효하다. '5년 단위로 세상사를 꿰뚫어 보고, 목표를 세우고, 실행에 옮긴다. 이런 식의 5년 주기로 일의 근육을 단련할 수 있다.' 이렇게 나는 생각한다.

이미 눈치 챘을 테지만, '그만둔다'는 것은 실제로 '회사를 그만둔다'는 것만을 가리키는 말이 아니다. 사내에서 타 부서로 이동하는 경우도 있을 수 있으며, 같은 영업직이라도 새로운 영업 방법을 시도할 수도 있다. 또한 지금까지 해 오던 방식을 버리고 새로운 상품 개발법 등을 찾아내는 경우도 있을 수 있겠다.

말하자면 자신의 행동양식과 사고방식을 바꾸고 능력을 향상해 가면서 5년 단위로 성장하며 진정한 실력을 쌓아나간다는 것이다.

내가 말하고자 하는 '5년 후에는 그만두어라'는 바로 이런 의미이다.

나 자신을 되돌아보면 참으로 신기하게도 이렇게 '5년

단위'로 직장인으로서의 인생을 걸어 왔다. 대학 졸업 후 첫 직장이었던 은행을 그만둔 것은 6년 차 때였다. 예정했던 5년보다 1년 더 늦어진 이유는 공교롭게도 그때 인생에서 가장 큰 시련을 겪으면서 1년을 공백으로 보냈기 때문이다.

그 시기를 제외하면 은행을 그만두고 '음식을 통한 문화의 가교 역할 추구'라는 포부로 창업에 뛰어들어 털리스 커피 재팬(Tully's Coffee Japan)을 상장시키기까지 5년이 걸렸으며, 그 후 2006년에 털리스 커피 재팬의 주식 과반수를 이토엔(伊藤園)에 매각하고 새로운 경영체계를 갖추기까지도 5년이 소요되었다.

그리고 현재의 나는 털리스 커피 재팬의 사장직을 퇴임하면서 앞으로 5년 후에 또다시 새로운 무대로 나아갈 예정이다.

털리스 커피 재팬을 창업했을 때나 이를 일본 전역으로 키워나갈 때 나는 온갖 어려움에 직면해야 했다. 지금이야 '내가 극복한 커다란 장벽 중 하나였노라'고 웃으면서 이야기하는 일도 많아졌지만 그 당시에는 그야말로 필사적으로 발버둥을 쳐야 했고 절망했던 적도 한두 번이 아니었다. 그럴 때마다 나는 더더욱 꿈을 향한 열정과 의지를 포기하지 않았다. 누군가는 그 점이 내가 가진 한 가지 재능이라고 말하기도 했다.

하지만 생각해 보면 나의 열정이나 의지에 힘을 실어 준 것은 늘 '5년이 되면 그만둔다'는 강한 각오가 있었기 때문이 아니었나 싶다.

5년 후에 어떤 새로운 상황이 펼쳐질 것을 상상하면 그 5년 후를 거꾸로 계산한 지금, 눈앞의 일을 어떻게 처리해야 하는지가 훤히 보인다. 있는 힘을 다해 할 수 있는 최대한의 노력을 하지 않는다면 다음 단계로 이어지지 않는다. 성과를 최대한도까지 끌어내지 못하면 경력 향상도 불가능하다.

이렇게 생각하는 순간 새로운 관점이 생기게 된다.

하나의 경험이 내공으로 쌓이는 그 5년 동안 내가 경험하게 되는 아무리 사소한 일도 소홀히 여길 수 없다. 작은 일이야말로 온 힘으로 대처하고 지혜를 짜내 궁리하자. 사소한 일이든 평범한 일이든, 아니 어떤 일이든 악착 같이 달려들어 철저를 기하자.

나 자신을 비롯해 주변 사람들을 보면서 매번 느끼는 것이지만, 신기하게도 '5년'이라는 시간 덩어리를 차례차례 죽을 각오로 온 힘을 다해 살며 성장해 나가다 보면 그 5년이 끝나가는 무렵에는 반드시 커다란 '기회'가 찾아온다.

이처럼 5년 단위로 세상사를 생각하게 되면서부터 현재 나는 대망의 네 번째 '5년'을 눈앞에 두고 있다. 지금 나 자신이 그야말로 격동의 한가운데서 날마다 자기계발에 매진하고 있지만 이 글을 빌려 늘 내게 힘이 되는 말과 행동, 그리고 경험에서 나온 생각 등을 여러분께 진솔하게 전해드릴 수 있었으면 한다.

독자 여러분께 단 한 가지라도 힌트가 될 수 있다면 더이상 바랄 것이 없다.

2008년 4월

마쓰다 고타(松田公太)

차례

5 나를 키우고
남도 키우는
'No fun, No gain'

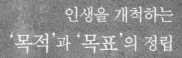

1

인생을 개척하는
'목적'과 '목표'의 정립

'그만둔다'고 마음먹으면
성장은 가속된다

일본인은 무엇 때문인지 뭔가 한 가지를 끝까지 계속하는 것을 미덕으로 여기는 경향이 있다. '지속가능성(sustainability)'이란 말도 있듯이 기업 활동이든 어떤 공부를 목표로 하는 경우든 '끝까지 계속한다는' 것에는 분명 커다란 가치가 있다.

하지만 개인의 발전을 고려해 볼 때, 감히 '그만둔다'고 하는 관점의 중요성을 나는 항상 의식하고 있다.

일본의 중·고등학교에서의 동아리 활동을 예로 들면, 한번 야구부에 들어가면 야구를 계속해야만 하는 무언의 압력이 가해진다. 도중에 "내게는 야구가

맞지 않아” 하며 그만둔 사람은 이후 부담감을 느끼고 운동 관련 동아리 활동 자체를 껄끄럽게 여기고 마는 경우도 있어 정말 안타깝다.

반면 미국의 경우에는 한 해에 세 가지씩 동아리 활동을 경험할 수 있다. 예를 들어 가을에는 축구, 미식축구, 육상을, 겨울에는 농구, 아이스하키, 레슬링을, 그리고 봄에는 야구, 테니스, 라크로스(lacrosse, 역자 주: 끝에 그물이 달린 크로스라는 스틱을 이용해 상대의 골에 공을 넣어 득점을 겨루는 경기) 등 이런 식으로 다양한 활동을 경험하며 자신의 적성에 맞는 종목을 최종적으로 선택해 간다.

가령 “나는 미식축구로 정했어. 앞으로 NFL(National Football League)에서 활약하고 싶어!”라고 결정한 사람도 겨울에는 오히려 레슬링으로 상반신을 단련하고, 봄에는 라크로스로 볼 감각을 익힐 수 있다.

이 경우 다양한 운동을 능숙하게 구사하면서 유연한 근육을 키울 수 있을 뿐 아니라 ‘수비수 사이를 빠져나가는 라크로스의 민첩한 움직임은 미식축구에도 응용할 수 있지 않을까’ 하는 생각을 함으로써 한 가지 운동만 계속했다면 지나쳐버렸을 ‘감(感)’도 터득할 수 있게 된다.

하나의 사실로, 미일(美日) 친선 고교 야구나 유소년 시합에서는 일본 팀이 이기는 경우가 많은 데도 그들이 성인이 되면 무슨 이유에서인지 메이저리그 수준까지는 이어지지 못하고 있다. 물론 일부 일본인 선수의 활약은 있지만 전체적으로 메이저리그에 미치지 못하는 이유가 단지 체격의 차이만은 아닐 것이다.

일본의 야구선수는 대개의 경우 지역야구 팀에서 시작해 중학교, 고등학교, 선수에 따라서는 대학교에서 이른바 '주입식으로' 야구를 배우고 있다. 한편 메이저리거 중에서는 다양한 운동을 경험한 선수가 많고 프로로 전향한 후에도 그들은 '여유'가 있다. 나는 그 점이 커다란 이유 중 하나라고 생각한다.

실제로 내 친구 중 하나도 NBA(National Basketball Association, 전미농구협회)를 목표로 농구부에서 활약을 펼치고 있었는데, '겨울 3개월은 농구에 전념해야지' 혹은 '가을 3개월은 축구를 하면서 다리와 허리를 단련해야지'라는 식으로 기간을 정해놓고 여러 가지 운동을 통해 농구의 기본기가 되는 훈련을 받았다. '3개월만 하고 그만둘 것이므로 열심히 해보자'는 마음가짐이었으리라 생각한다.

이 책에서는 나 자신이 실제 활용하는 '5년'이란 기간을 권하고 있지만 중요한 것은 스스로에게 맞는 '기한 설정'이다.

흘러가는 시간의 감각은 사람에 따라, 그리고 시기에 따라 각각 다르리라 생각한다. 이를테면 초등학교 때 '1년'이라는 시간이 얼마나 길게 느껴졌었는지 다들 공감할 것이다. 반면 중학생이나 고등학생에게는 3개월도 '집중하고 몰입하는' 시간으로는 적당할지 모른다.

요컨대 사람에 따라서는 내가 권하는 5년이 아닌, 예를 들어 3년 등으로 미래를 설정할 수도 있다. 부디 이 점은 유연하게 생각해 주었으면 한다.

거듭 말하지만 중요한 것은 '기한 설정'이다.

'그만둔다'는 기한을 설정하게 되면 스스로의 성장 속도를 훨씬 끌어올릴 수 있다.

기간을 명확히 하고 그때마다 목표를 향해 최대한 몰두한다면, 성장은 가속도가 붙고 훗날 커다란 양식이 되어 인생의 목적에 다가가게 된다.

　1장에서는 바로 이 목표와 목표가 이끄는 인생의 목적에 대해 이야기하고자 한다.

목적과 목표를
명확히 구별하라

"목적과 목표가 어떻게 다른지 아십니까?"

이렇게 물으면 많은 사람은 의아한 표정을 짓는다.

"목적과 목표는 같은 것이 아닌가요?"

이렇게 반문하는 사람도 있다.

목적과 목표를 같은 것인 양 알고 있는 사람이 생각보다 많다. 하지만 적어도 내게 있어 목표와 목적은 완전히 별개이다.

목표(目標)는 지향하는 '표시[標]'이고,

목적(目的)은 지향하는 '대상[的]'이다.

사전에서 '목표'를 찾아보면 '한눈에 바로 알 수 있도록 한 표시, 표적', '그곳에 도달하도록 또는 그곳에서 벗어나지 않도록 해놓은 표시'로 나와 있다.

그리고 사전에서 말하는 '그곳'이 바로 '목적'이다.

즉 한 개의 화살이 향하는 '과녁', 평생에 걸쳐 지향하는 장소, 반드시 도달하고 싶어 갈망하는 장소, 그것이 '목적'이다.

평생에 걸쳐 도달하고 싶은 장소이므로 상당한 시간이 걸린다. 어쩌면 평생이 걸려도 도달하지 못할지도 모른다. 하지만 그래도 상관없다. 지향하는 장소가 확실히 있기만 하다면 가는 도중 해가 저물더라도 당황하지 않고 자신이 해야 할 일을 금방 알아차릴 수가 있다.

한편 목표는 마음속에 품은 최종의 장소로 나아가기 위해 하나하나 통과하는 장소, 이른바 '이정표'이다.

표시가 많으면 많을수록 길에서 헤매지 않고 목적지에 도달할 수 있다. 많은 이정표를 거쳐 목표 지점에 도달한 순간 성취의 기쁨 또한 맛볼 수 있다. 그리고 그 기쁨은 다음 목표로 나아가기 위한 자극이 되어 준다.

목적이 있고 목적에 도달하기 위한 이정표 중의 하나, 그것이 목표이다. 목적과 목표를 명확히 구별해야만 한다.

그러나 목적과 목표를 혼동하는 사람이 참 많다. 달성한 것은 목표이며 목적은 아직도 아득히 먼 저편에 있는데 이미 목적은 달성했노라고 착각하고 만다.

내 주위에는 창업을 하고 싶다며 상담을 요청해 오는 분이 적지 않은데, 그들 중에는 창업 그 자체를 목적으로 생각하는 사람도 꽤 있다. 또한 회사를 상장할 수만 있다면 그것으로 목적은 달성한 것이라 여기는 사람도 있는 듯하다.

내게 창업이든 상장이든, 이는 하나의 목표일 따름이다. 나는 그들에게 항상 다음과 같이 되묻는다. 창업을 하고 상장을 해서 무엇을 하려 하는가? 어떤 원대한 목적을 위해 당신은 창업을 하고 상장을 하려 하는가?

대학 진학이나 취업도 마찬가지다. 원하는 대학에 입학하는 것은 본래 자신의 목적을 달성하기 위한 하나의 과정인 목표일 뿐이다. 회사 선택에서 있어서도 입사가 목적이 아닌, 그곳에서 무엇을 얻고 얻은 것을 자신의 목적 달성에 어떻게 활용할 수 있는지를 따져봐야 한다.

산에 오르기 위한 길이 한 가지가 아니듯 목적에 다다르기 위한 이정표 또한 한 가지가 아니다. 원하는 대학에 들어갈 수 없었다면, 희망하던 회사 면접에서 고배를 마셨다면 재차 도전하면 그만이다. 아예 다른 길을 찾아도 된다. 길, 요컨대 목적에 도달하는 수단은 찾기만 하면 얼마든지 있다.

목표는 목적에 도달하기 위한 이정표, 즉 수단이므로 우선 목적을 명확히 해야 한다.

나의 목적은 '음식을 통한 문화의 가교 역할'을 하는 것이다. 이러한 목적에는 '식(食)문화를 통해 전 세계가 서로 이해하고 존중하며 하나가 되었으면' 하는 소망도 담겨 있다.

내게 털리스 커피 재팬(Tully's Coffee Japan)이나 쿠츠 그린티(Koots Green Tea, 역자주: 스페셜티 녹차)를 보급하고 확대하는 사업은 '식문화 공헌'이라는 목적을 이루기 위한 목표였다.

그리고 현재 나는 또다시 새로운 목표를 향해 달리기 시작했다.

그 목표란 일본에 털리스 커피를 널리 알린 것처럼 이번에는 아시아 태평양과 그 밖의 나라로 무대를 옮겨 처음부터 다시 털리스 커피를 널리 알리는 것이다.

이 목표 역시 내 인생의 목적인 '식문화를 통해 전 세계가 서로를 이해하고 존중하며 하나가 되는' 지점에 도달하기 위한 하나의 수단이다.

이 책을 손에 든 사람 중에는 창업을 희망하거나 지금 하고 있는 일을 한 단계 끌어올리고 싶다는 마음으로 책장을 한 장씩 넘기는 이가 많으리라 생각한다. 하지만 그것은 목표일 뿐 결코 목적이 아니라는 사실을 재인식했으면 한다.

무엇을 위해 창업하고자 하며, 또 경력을 쌓으려는 이유는 무엇인가? 내일의 목적이 없는 노력은 대단히 고통스러운 일이다.

목적을 명확히 하고 이 목적에 도달하기 위한 이정표로써 목표를 설정해 가기 위해서는 우선 이 두 가지, 즉 '목적'과 '목표'를 분명히 구별하는 것에서부터 시작해야 한다.

'나의 미래사'로
남은 시간을 뇌리에 깊이 새겨라

목적을 향해 나아가기 위한 이정표인 목표, 그 목표를 세우기 위해서는 중요한 사항이 하나 있다.

바로 상세하면서도 일정한 분량을 채워 세우는 것이다. 목표를 숫자로 표시하면 달성의 실마리를 쉽게 찾을 수 있다.

하지만 말이 쉽지 목표를 처음부터 상세하게 세울 수 있는 사람은 그리 많지 않다. 그래서 내가 더더욱 펠로우들에게 꼭 실천하도록 했던 것이 있다.

그것은 철두철미하게 구체적으로 '나의 미래사'를 쓰는 것이다.

참고할 수 있게끔 여러분이 사용하기 쉽게 정리해

서 다음과 같이 실어 보았다. 먼저 지금까지 자신의 인생을 되돌아보며 기입하는 난이 있다. 오늘까지의 일들을 떠올리며 하나씩 채워 넣어 보자.

[나의 미래사]

- '나의 미래사'를 작성하기에 앞서 우선 출생에서 지금까지의 인생을 돌아본다. 그 과정에서 자신의 장점이나 단점, 그리고 무엇에 기뻐했고, 무엇에 슬퍼했는지 등을 재인식한다. 이를 바탕으로 인생의 '목적'과 '목표'를 명확히 하고 미래사의 구체적인 작성에 활용한다.
- '나의 미래사'는 나의 성장에 관한 것뿐만 아니라 주변 사람들에게 보답이 될 만한 목표에도 응용할 수 있다.
- '나의 미래사'는 누군가에게 보여주기 위한 것이 아니다. 그러므로 가장 중요한 포인트는 과거를 진지하게 회상하고 솔직하게 적는 일이다.

	기 간	기억에 남는 일화
출생~ 초등학교 시절	년 월~ 년 월	
중학교~ 고등학교 시절	년 월~ 년 월	
대학 시절	년 월~ 년 월	
사회인~현재	년 월~ 년 월	
장점		
단점		
남과 다른 개성		
과거, 현재에 상관없이 가장 좋아하는 사람은 누구이며, 그토록 좋아하는 이유는? 그 사람의 은혜에 어떤 식으로 보답하고 싶은가?		
가장 기뻤던 일		
가장 슬펐던 일		
그 밖에 인생관을 바꿀만한 사건이 있었는가?		
인생의 목적(혹은 꿈)		

미래사

현재 연령	예) 23	
	24	
	25	
	26	
대목표	27	○○사에서 '사장상' 수상, 신규고객 유치 연간 70사……
	28	
	29	
	30	
	31	
대목표	32	△△사나 ㅁㅁ사로 전직, 마케팅 부장으로 승진, 연봉 2억 원……
	33	
	34	
⋮		
대목표	47	
	48	
	49	
	50	
	51	
대목표	52	
	53	
	54	
	55	
	56	
대목표	57	
	58	뇌출혈로 사망

인생을 개척하는
'목적'과 '목표'의 정립

유년기에 이런 일이 있었구나, 중·고등학교 시절은 이랬었지, 대학 시절에는 이렇게 세월을 보냈구나, 졸업 후에는 이러이러한 일을 하면서……. 이런 식으로 미래사를 쓰면서 지금까지의 '나의 모습'을 되돌아본다.

그다음 자신의 사망 나이를 그려본다. 막연히 평균 수명을 기준으로 가정하는 방법은 좋지 않다. 좀 더 진지하고도 명확하게 가정하는 것이다. 예를 들어 조부모님은 향년 몇 세에 돌아가셨는지를 떠올려 본다. 괴로운 기억일 수 있겠지만 아버지나 어머니를 여읜 사람이 있다면 그 연령대를 참고로 가정한다.

나아가 사인(死因)은 무엇일지도 생각한다. 예를 들어 어떤 이는 아버지를 폐암으로 잃었을 수도 있다. 그렇다면 '나도 담배를 피우므로 혹시 폐암이 아닐까? 아버지가 돌아가신 뒤로는 자제하고 있으니 55세 정도까지는 살 수 있지 않을까?' 이 같이 되돌아보면서 '55세, 폐암으로 사망' 이렇게 설정하는 것이다.

우선 목적으로 나아가기 위한 5년 주기의 대목표를 기입하고, 그것을 지향하기 위한 일정 분량의 상세한 1년 주기의 소목표를 기입한다. 대목표, 소목표는 바뀔 수도 있겠지만 그래도 상관없다. 중요한 것은 자신에게 주어진 시간을 분명하게 인식하는 일이다.

60세로 죽는다고 가정했을 때, 지금 23살이라면 37개의 선을 그릴 수가 있다. 아니, 37개의 선밖에는 그릴 수 없다고 해야 맞다. 이를 5년 단위로 생각한다면 7개의 선밖에 그릴 수 없다.

사망 연령과 사인을 적은 후에는 눈으로 확인한다. '내가 죽다니!' 아직은 내가 아닌 남의 얘기 같고 혹은 상상조차 할 수 없는 머나먼 미래처럼 느껴질 것이다. 하지만 미래사를 완성한 순간, 그렇게도 멀게만 느껴졌던 자신의 죽음이 지금 여기 있는 듯 실감날 것이다.

나 자신도 이것을 썼을 때 큰 충격을 받았다. 내가 가정한 사인은 '심장병'이었다. 어머니는 폐암으로 돌아가셨지만 동생은 심장병으로 죽었다. 나도 가끔 심장 상태가 좋지 않을 때가 있으므로 이 병으로 죽을 확률이 높다고 생각했다.

사망 추정 나이는 50세로 하였다. 동생은 21살, 어머니는 54살에 돌아가셨으므로 나도 오래 살기는 어렵겠구나 하는 생각이 들었던 것이다.

'나의 미래사'를 처음 썼을 때, 나는 27살이었다. 다 쓰고 보니 50세까지 남은 선은 달랑 23줄뿐이었다. 미래사에서 현재의 나이를 집게손가락으로, 사망 추정 나이를 엄지손가락으로 짚어보니 그 간격이 얼마나 좁던지……!

소름이 끼쳤다.

내가 '손에 쥔 시간'이 이렇게나 짧은 건가!

인생에 로스 타임(loss time)은 없다. 제한시간 내 단판 승부를 내야 한다.

이 '50'이라는 숫자에 다다르면 나는 지구 상에서 없어지고 만다.

이렇게 생각하자 정말 등골이 오싹해졌다. 내게 주어진 시간이 그리 길지 않다는 사실이 온몸으로 절절하게 다가오는 순간이었다.

매년 연말이 다가오면 사람들은 "어느새 1년이 후 딱 지나갔네. 왜 이렇게 시간이 빠른지……" 하며 이 구동성으로 말하곤 한다. 하지만 그 말투에서 후회가 묻어나는 사람은 별로 없는 것 같다. 충실한 1년을 보냈다기보다는 그저 세월의 흐름에 맡겨두었더니 눈 깜짝할 새였다는 투다.

나는 나이 50에 죽는다고 가정하고 계획을 세웠지만, 50세를 앞두고 갑작스러운 병이나 불의의 사고로 죽는 일이 일어날 수도 있다. 그렇다 치더라도 내가 세웠던 목적에 한 발짝이라도 더 다가가고 싶은 것이 나의 심정이다. 내가 얼마만큼 목적에 접근했는지 '나의 미래사'를 써봄으로써 분명히 알 수가 있다.

어떤 목적을 세워야 좋을지 아직 감이 잡히지 않는 사람이 있다면, 일단 자신에게 '남은 시간'이 별로 없다는 사실을 절실하게 깨달아야 한다. 그리고 위기감을 느끼며 맹렬하게 뛰어들 마음을 다잡기 위해서라도 '나의 미래사'를 써보는 것은 어떨는지? 자신만의 방식으로 정리한, 자신만의 '나의 미래사'를 반드시 작성해 보기 바란다.

분명 스스로를 채찍질하기 위해서라도 대단히 유효한 활력소가 될 것이다.

목표는 연 3회,
해트트릭 수첩

꿈을 실현하기 위한 또 하나의 지침은 '해트트릭 수첩'이다.

대다수 회사원은 1년 목표를 세우지만,
내가 목표를 세우는 타이밍은 1년에 세 번이다.

연초인 1월 1일과 회사의 새 회계 연도인 4월 1일(일본 회사는 4월부터 회계 연도를 새로 시작한다), 그리고 나의 생일인 12월 3일.
세우는 목표도 각각 다르다.
연초에는 나의 성장과 관련된 일을 목표로 세운다.

예를 들면 자기계발이나 건강관리 등이 이에 해당한다. 어린 시절부터 "새해 첫날에는 반드시 목표를 세우라"는 부모님의 말씀을 여태껏 실행하고 있다.

두 번째인 4월 1일은 회사가 시작하는 날이므로 회사나 부서 내의 업무량 등에 관련된 나의 목표를 적는다. 예를 들면 올해는 지점을 몇 개 늘린다거나 매출 목표는 얼마로 잡는다 등이다.

마지막으로 생일인 12월 3일에 세우는 목표는 주변 사람들의 은혜에 보답하는 목표이다. 목표라 하면 결국은 나 자신에 대한 것이 위주가 되어버려 주변 사람에 대해서는 소홀하기 쉽다. 하지만 내가 마음 놓고 일에 몰두할 수 있고 목표를 달성할 수 있는 것은 모두 주위의 도움이 있었기에 가능한 것이다.

나의 경우 매년 내 생일엔 손수 케이크를 사와, 직원들에게 감사 인사를 전하고 직접 케이크를 잘라 나눠주기도 한다.

"오늘은 제 생일입니다. 이만큼 회사가 성장하고 제가 이렇게 기쁘게 생일을 맞이할 수 있게 된 것은 모두 여러분 덕택입니다. 정말 고맙습니다."

내가 태어난 날 주위 사람들에게 감사드리는 마음, 이것은 어머니가 돌아가시고 난 후에야 생각하게 되었다. 내가 태어난 날, 그날은 어머니가 가장 고통스러웠던 날이 아닐까 하는 생각이 문득 마음속에 떠올랐다. 그렇다면 본래 생일이란 어머니에게 가장 감사해야 마땅한 날이어야 한다고 말이다. 그리고 그것이 어머니에서 가족, 친척, 친구, 신세를 지고 있는 분들…… 이런 식으로 언제부턴가 그 범위가 넓어졌다.

1월과 4월과 12월.

이렇게 각각의 시기에 목표를 세우기 때문에 작년에서 올해로 해를 넘길 때마다 수첩에 적은 목표는 2년분이 된다. 그리고 각 시기가 다가올 때마다 보완할 점을 써나간다. 그렇게 하면 2년 치의 목표가 일목요연해지는 이점도 있다.

축구에서는 한 경기에서 한 선수가 세 골을 넣었을 경우, 마치 '마술과도 같다' 하여 이를 해트트릭(hat trick)이라 한다. 골 하나 넣는 것만 해도 무척이나 대단한 일인데 세 골이라니 그야말로 마술이라 할 만하다.

이와 마찬가지로 인생에서 1년에 세 번 목표를 세우고 이를 달성하고자 하는 것은 쉽지 않은 여정이다. 하지만 조금 노력해서 금세 달성할 수 있는 목표를 세워서는 성장할 수 없다. 늘 하는 대로 해서 이룰 수 있는 것은 목표조차 될 수 없다.

나는 이렇게 생각하면서 필사적으로 노력한다. 달성할 수 있을지 없을지, 혹은 불가능에 가까울지도 모르지만 세 가지 목표를 달성하고 '해트트릭'을 이루고자 하는 마음으로 매년 세 가지 목표에 매진한다.

내정(內定) 통보는
한 회사에서만 받는다

목적을 명확히 하고 목적에 연결되는 목표를 상세
하게 세운다면, 길을 잃을 염려도 없고 사람들에게
휩쓸릴 걱정 또한 없다.

　이와 관련된 일화를 하나 소개하고자 한다.

　내가 대학을 졸업할 무렵의 이야기이다. 당시는 졸
업생이 상당히 유리했던 취업 상황이었는데, 여러 군
데의 대기업에서 채용이 확정된 학생들끼리,

　"나는 다섯 군데나 합격했어."

　"나는 열 곳이나 돼. 어디를 포기할지 고민 중이야."

　이렇게 자랑을 늘어놓은 식이었다.

그들이 회사를 결정하는 기준은 그야말로 지명도와 다름없는 회사 브랜드나 혹은 고액 연봉이었다.

"누가 뭐래도 이 정도 회사면 대기업에다 안정적이고 누구든 알 만한 사람은 다 아니 남들에게 말하기도 좋지."

이런 식으로 말이다.

취업 활동은 회사, 나아가서는 사회를 알 절호의 찬스이다. 이 제도만큼은 일본에서 대학을 졸업하는 학생들에게 커다란 장점이라 생각한다.

아직 사회 경험이 없는 학생들은 취업 활동을 통해 여러 업계를 살피며 그곳에서 일하는 사람들의 다양한 이야기를 듣고 정보를 얻을 수가 있다. 취직 후에도 이러한 경험은 많은 도움이 되리라 생각한다. 앞으로 취업 활동을 하게 될 사람은 반드시 이 기회를 최대한으로 활용하기 바란다.

당시 나도 취업 활동을 계기로 가능한 한 많은 회사를 돌며 어떤 업계가 있고 어떤 일을 하는지 선배들의 이야기를 듣고자 동분서주했다. 대략 50군데 정도 회사를 돌아다녔던 것 같다.

그중 가장 처음 방문했던 회사는 덴쓰(電通, 역자주: 백 년 이상의 역사를 가진 일본 최대의 광고회사)였다. 미식축구부의 선배가 입사해 있어서 OB 방문을 한 것이다. 지금과 마찬가지로 그 당시에도 덴쓰나 텔레비전 방송국 등 대중매체 관련 회사는 인기가 대단했던 직종이었다.

"어서 와라, 잘 왔다."

선배는 웃으면서 맞아주었다. 그러더니 이내,

"잠깐만 기다려봐."

이 말을 남기곤 응접실을 나가는 것이었다. 잠시 후 응접실로 들어선 사람은 놀랍게도 선배가 아닌 덴 쓰의 국장이었다.

"마쓰다 군. 자네 소문은 익히 들었네. 우리 꼭 한 번 힘을 모으도록 하지."

아직은 학생인 내게 국장은 그렇게 첫마디를 꺼냈 다. 그리고 오른손을 내밀며 말을 이었다.

"자네도 내 결정을 따라주겠지."

해외에 오래 있다 보니 영어회화 가능, 게다가 미 식축구부 생활에 단련되어 선후배나 상하 인간관계 에도 문제가 없겠고…… 이러한 조건은 졸업생에게

유리했던 당시 취업 상황과 맞물려 내게도 스카우트 제안이 들어온 것이다.

천하의 덴쓰 국장에게서 악수 요청을 받고는 적잖이 놀라 당황했지만, 나는 큰 용기를 내어 이렇게 말했다.

"대단히 죄송합니다만, 저는 악수할 수 없습니다."

그러자 이번에는 국장이 당황하고 놀랐다.

당시나 지금이나 덴쓰는 인기 기업 중에서도 단연 높은 순위로 학생들에게는 꿈의 직장이다. 그런 회사의 국장이 '함께 일해 보자'고 악수를 청해오는데 감히 거부를 했으니 어찌 당황하지 않겠는가.

국장의 표정은 굳어졌고, '건방지군' 하는 그의 속마음이 훤히 내다보였다.

그래도 나는 말을 멈추지 않았다.

"저는 이제 막 취업 활동을 시작했을 뿐이고, 제 자신을 위해 어디에 취업해야 좋을지 진지하게 고민하며 일을 찾고 있는 중입니다. 내정 통보를 받고 거절

하면 회사에 결례이기 때문에 내정 통보는 한 회사에서만 받고자 합니다. 최종적으로 귀사에 입사하고픈 결심이 서면 제 쪽에서 정중히 머리 숙여 다시 찾아뵙겠습니다. 지금 단계에서 악수는 오히려 실례가 되므로 양해해주시기 바랍니다."

"흠, 알겠네."

국장은 화를 억누른 표정으로 중얼거리며 망연한 채 방을 나가버렸다.

"너 이런 식으로 하면 네가 아무리 능력이 뛰어나도 취업하기 힘들 걸."

자초지종을 들은 선배는 그 자리에서 이렇게 조언해 주었다.

하지만 나는 지명도나 브랜드, 높은 연봉 이상으로 내 장래의 목적을 최우선으로 두고 회사를 결정하고자 마음먹었다.

나의 결심은 확고했다. 5년 후 나는 '음식 관련 분야'에서 독립할 것이고, 독립할 때까지 5년 동안은 내가 가장 많이 배울 수 있는 회사에 취업하겠노라, 그렇게 마음먹고 있었다. 물론 '바로 이곳이다'라고 느낌이 오는 회사라면 내 쪽에서 먼저 머리를 숙이는 것이 당연하다.

지금 생각해 보면 '겁 없는 젊은이'라 치부할 수도 있겠으나 인생의 목적을 품고, 그로부터 거꾸로 계산한 5년 후의 명확한 목표가 있고, 그 순간의 내 모습을 그릴 수 있었던 내게 대기업에서 내민 악수를 뿌리쳤던 일은 그리 큰 위험으로 다가오지 않았다.

5년 동안에
모든 것을 배우자

"저는 한 회사에 줄곧 있을 생각은 없습니다. 5년 후에는 그만둘 작정입니다."

당시 나는 이렇게 결심하였지만 겉으로는 내색하지도 물론 입 밖에 내지도 않았다.

하지만 "일단 만나 보라"며 몇몇 은행 쪽 사람들과 만남을 주선해준 선배에게는 나의 속마음을 털어놓았다. 그럼에도 그는 여전히 나를 동생처럼 대해주며 소개를 해주었다. 그는 미식축구부 선배로 산와(三和)은행에서 근무하고 있었다.

그때 나는 식품메이커나 상사(商社)에 취업할 생각이었다. 음식 관련 분야에서 창업을 희망하고 있었던 터라 그쪽으로 진출하는 편이 아무래도 지름길이겠거니 그 당시에는 그렇게 생각했다.

빈틈없는 은행원의 경직된 이미지는 자유분방하게 살아온 나와는 상당히 거리가 멀어 보였고 어울리지도 않았다.

"고타가 은행원이 될 줄은 상상도 못했어."

실제로 은행에 들어간 후에 자주 들었던 말이다. 그러나 어떤 기업이든 책임자를 만날 수 있고 재무에 밝아진다는 이점을 고려해 나는 은행을 선택했다.

입사 후 나는 내 월급의 다섯 배의 이익을 올리겠노라 결심했다. 은행의 입장에서 보면 월급의 다섯 배를 벌어주는 것이므로 마땅히 환영할 만한 일이었다. 물론 일을 하면서 상사와의 마찰과 알력 다툼이 일어나는 경우도 종종 있었고, 일본 사회의 폐단이라는 것에 나 역시 가로막히기도 했다.

예를 들면 외근을 하더라도 점심시간에 반드시 한번은 회사에 들려야 하고, 오후 4시에는 어김없이 지점으로 돌아와야 한다는 규정이 있었다. 외근을 하는 입장에서는 대단히 비효율적인 규정이다.

종종 늦게 돌아올 때면 내 귀에는 이런 식의 말이 들려왔다.

"마쓰다 씨의 실적이 좋은 것은 규정을 지키지 않고 오랜 시간 밖에서 돌기 때문이야."

지점 내 영업에서 최고 실적을 올렸음에도 때로는 이러한 규칙을 어기면서까지 일에 몰두하는 나를 멀리하는 선배나 상사도 있었다.

남들과 똑같이 하지 않으면 비난받는다. 이래서야 의욕을 잃는다 하더라도 전혀 이상한 일이 아니다. 그럴 때마다 낙심하지 않고 나를 더욱 분발하게 만든 것은 5년 후의 목표였다. 5년 후의 모습을 상상하며 자신을 위해 일해왔기 때문에 비판받더라도 금세 나름의 방식대로 나아갈 수 있었다.

상사의 불합리한 질책이나 비난, 동료의 비방 등 인간관계로 고민하는 사람은 꽤 많다. 최근에는 우울증이나 노이로제에 걸리는 사람도 늘고 있다.

이를 극복하는 방법으로도 '5년이 되면 그만둔다'는 사고방식은 유효할지도 모른다. 어차피 5년 후면 그만둘 요량 때문이 아니라 그 5년 안에 어떻게 해서

든 배울 수 있는 일은 모두 배우고 말겠다는 자세가
생기기 때문이다.

배워서 스스로 성장하겠다는 자세라면,
얼마든지 능히 참아낼 수 있다.

대학 시절 미식축구부에서 이런 일이 있었다.

연습 시간에 1분 정도 지각한 내게 한 선배가 "책
임져!"라며 큰소리로 다그치는게 아닌가. 그 책임이
란 다름 아닌 삭발을 하는 것이다.

오랜 기간 외국에서 자랐던 나는 책임과 삭발이 무
슨 관련이 있는지 참으로 놀랐지만 '로마에서는 로마
법을 따르라' 하지 않았던가. 애당초 내가 일본 대학
의 운동 동아리에 가입한 것도 일본 특유의 조직문화
혹은 사고방식을 배우기 위한 것. 이렇게 생각을 고
쳐먹고 머리를 밀기로 했다.

밀겠다고 결심하니 신기하게도 그런 나를 객관적
으로 바라볼 수 있었다.

줄곧 미국에서 축구를 했던 내가 일본으로 돌아와

규율이 엄격한 미식축구부에 내 발로 걸어 들어와서 지금 머리를 밀고 있다니. 스스로 생각해도 내 행동이 우스워서 그저 웃고 말았다. 혼자 씁쓸히 웃어가며 그 순간을 그렇게 넘겼다.

　이 마법의 비결은 다름 아닌 '이 기간, 이 순간에 모든 것을 배우고야 말겠다'는 스스로의 적극성이었다.

'PDCI' 사이클로
목표를 달성하라

목적을 명확히 하고 목적 도달을 위한 목표를 상세하게 세우면, 일상생활이 몰라보게 달라진다.

우선 시간이 5년밖에 없기 때문에 이제부터 5년 내에 모든 것을 배워두자는 적극적인 마인드가 형성된다. 여태껏 쓸데없이 신경 썼던 남들이 하는 말이나 그때그때의 분위기에 휩쓸리지 않게 된다.

원대한 목적을 응시하고 하나하나의 목표로 나아갈 때, 목표 달성 방법으로 내가 실행하는 것은 'PDCI(Plan, Do, Check, Improve)'이다. 이른바 '계획을 세우고, 실행하고, 확인·평가하고, 개선하는' 시스템이다.

이 'PDCI'를 설명하고 회사에 도입하기에 앞서,

나는 사내에 '다이어터즈(dieters, 다이어트하는 사람들)'라는 과체중 사람들로 구성된 팀을 만들어 다이어트 과정에서 실제로 'PDCI'를 체험하게 했다. 이 다이어트 프로그램을 통해서 직원들이 'PDCI'를 이해할 수 있으리라 생각했기 때문이다. 구체적인 실행 방법은 다음과 같았다.

다이어트에 성공하기 위해서 우선 다이어트하는 목적을 찬찬히 생각하게 한 다음 이를 바탕으로 목표를 설정하도록 한다.

당신은 왜 다이어트를 하려 하는가?

'인기를 끌기 위해', '멋있어 보이기 위해', '예뻐지기 위해', '병을 고치기 위해' 등등.

사람에 따라 목적이 다 다르다. 하지만 다이어트에 성공한다고 해서 인기를 끈다는 보장은 없다. 멋있어지고, 예뻐지고, 병을 고친다는 보장 또한 없다.

하지만 다이어트라는 목표를 달성한다면 위와 같은 목적에 조금 가까이 다가갈 수 있다는 것만은 확실하다.

목적을 명확히 한 다음에는 숫자로 나타낼 수 있는 구체적인 목표를 세운다.

예를 들어 '한 달에 몇 킬로그램을 뺀다' 이런 식으로 말이다.

목표가 정해지면 본격적으로 'PDCI'를 실행한다.

P = 'Plan(계획)' 단계에서는 '한 달에 몇 킬로그램을 빼기 위해서 일주일에 몇 킬로그램을 뺀다'와 같은 상세한 계획을 세운다.

D = 'Do(실행)'는 이를 위해 무엇을 하면 좋을까 하는 방법이다. '하루 한 번은 계단을 뛰어 올라간다', '귀가 시에는 지하철 한 정거장 전에 내려서 걷는다', '아침에 2킬로미터를 달린다' 등이 있을 수 있다.

C = 'Check(확인·평가)' 단계에서는 일주일 후 체중을 재고, 실행한 것과 그 성과에 대해 검토를 한다.

마지막 I = 'Improve(개선)' 단계에서는 평가 결과를 바탕으로 목표에 다가가기 위해 개선한 'Do'를 생각한다. '운동량을 늘리기 위해 아침 조깅 거리를 이번 주부터 1킬로미터 늘인다'거나 '순조로우니 이대로 계속한다'는 식으로 조절해 간다.

인생의 목표를 달성하는 데는 다이어트 이상으로 복잡한 요인이 작용한다.

운, 만남, 인연, 타이밍, 강한 의지 등등. 하지만 어떠한 목표든 가능한 한 상세하게 작성해야 지금 자신이 해야 할 일이 분명해진다.

실패할 가능성도 물론 있을 것이다. 이를 예방하기 위해 실패의 이미지를 생생하게 명심함으로써 포석을 다져놓을 수도 있다.

어떤 일을 달성하기 위해서는 성공의 이미지를 그리는 것이 필요하다고들 한다. 물론 나도 동감한다. 하지만 이와 동시에 목적지에 도달하기까지 실패의 이미지를 그리는 것 또한 필요하다는 생각이다.

다음 2장에서는 실패의 이미지를 마음에 새기는 중요성에 대해서 이야기하겠다.

물에 빠지더라도
'지푸라기'를 잡아라:
실패는 성공의 방아쇠

실패의 이미지를
선명하게 그릴 수 있는가

미국 털리스 커피와의 교섭 끝에 일본에서의 경영권을 획득한 나는 장차 1호점이 될 긴자(銀座) 지점 건 확보도 협상 끝에 가까스로 성공했다.

그 1호점을 만드는 데 나는 무려 7천만 엔(약 7억 원)의 빚을 졌다. 7천만 엔이라는 거액을 빌리는 일이란 물론 생전 처음의 경험이었다. 만에 하나 1호점이 망해버린다면 어떻게 되는 것인가.

나는 철저하게 실패의 이미지를 그려보며 최악의 상황을 시뮬레이션해 보았다.

나는 종종 펠로우(직원을 부르는 호칭)들에게 실패의 이미지를 선명하게 새기는 중요성을 이야기한다.

긍정의 사고가 중요하다는 것은 몇 번을 강조해도 부족할 것이며 나 역시도 당연히 그렇게 생각한다. 실제로 긍정의 미래를 꿈꾸지 않는 자는 목표라는 게 있을 리 만무하다.

하지만 목표와 함께 실패의 순간 닥쳐올 최악의 상황을 분명히 명심해둘 것을 권한다.

실패의 이미지를 뇌리에 새기도록 권하는 이유는 무엇 때문일까.

우선 불안을 최소화할 수 있다. 불안이 완전히 사라지지는 않겠지만 무턱대고 두려워했던 것을 분명하게 연상함으로써 '뭐야, 내가 불안에 떨었던 것은 고작 이 정도였던가' 하게 되기 때문이다. 7천만 엔이라는 거금을 빌렸을 때, 차용증에 도장을 찍기 전 나는 집 근처의 편의점을 둘러봤다. 그리고 문 뒤에 붙어있는 아르바이트 시급을 보며 생각했다.

'그래, 하루 15시간씩 일하면 30년 정도면 갚을 수 있겠구나!'

'실패한들 목숨까지 빼앗기려고?'

날마다 편의점에서 계산기를 두드리며 상품을 진열하는 내 모습을 상상했다.

그러자 '다음번엔 또 어떤 회사를 차릴까' 하며 재도전의 의욕에 불타 일하는 내 모습이 보였다.

실패해도 좋다! 인생은 단 한 번뿐. 하지도 않고 후회하기보다는 실패하더라도 그것을 발판으로 삼는 인생이 백번 더 낫지 않겠는가.

이처럼 실패의 이미지는 두려움을 덜어줄 뿐만 아니라 스스로에게 힘을 불어넣어 주기도 한다.

물에 빠지더라도
'지푸라기'를 잡아라

실패할수록
성공 확률이 높아지는 이유

실패의 이미지를 그리는 중요한 점은 앞서 말한 그대로이지만, 실패의 이미지를 그린다고 해서 실패하지 않는다는 말은 아니다.

사람은 누구나 실패를 경험한다. 실패 없는 성공은 있을 수 없다.

포장된 도로를 달릴 때조차도 사고를 당할 수 있다. 하물며 길이 없는 경우, 새로이 개척해 나가고자 했지만 길을 잃고 헤매게 되거나, 혹은 가까스로 다다른 곳이 막다른 길일 때면 도저히 어떻게 해볼 방도가 없다.

여태껏 그 누구도 가본 적이 없는 길을 시행착오를

겪으며 나아가는 것이므로 당연히 가시밭길이다. 하는 일마다 온통 실패투성이라고 한탄하는 자에게야말로 그건 새로운 도전을 하고 있다는 증거이므로 박수를 보내고 싶다.

　내 자신도 실패의 경험을 열거하자면 끝이 없다.
　1호점을 개점할 당시 인테리어 선택에서부터 커피 내리는 방법까지, 하는 족족 실패투성이었고 오픈 후 3개월 동안은 적자의 연속이었다. 매달 적자가 백만 엔을 넘어서는 말 그대로 매우 위험한 상황이었다. 하지만 만약 그 적자를 견디지 못하고 3개월 만에 포기했더라면 지금의 털리스는 존재하지 않았을 것이다.
　적자를 면치 못했던 3개월, 중도에 포기하고 쉽게 접었더라면 그건 '3개월의 실패'가 아닌 '사업 실패'가 되어버렸을지도 모른다. 위기를 버텨냈기에 그때의 '실패'는 그 후 털리스 발전의 발판이 되었고 수업료가 되었다.
　우리는 영어 공부나 자격증 취득을 위해서는 아무

리 비싼 수업료도 감수하지만, 사업 실패에 관해서는 이상하게도 그것을 만회해서 다음 기회에 활용하려 하지 않고 남에게 또는 자신에게 함구하는 경향이 있다. 시간이나 금전 등의 수업료 지불을 아까워하는 습성이 있는 듯하다.

> 누구나 다 맛있게 느끼며
> 쉽게 구별할 수 있는 음식이 성공이라면,
> 실패는 영양가 있는 채소에 비유할 수 있다.

다소 고통스럽더라도 실패를 받아들이지 않으면 사업은 쇠퇴하고 만다. 성장과정에서의 실패를 개인이나 기업이 보다 크게 성장하기 위한 필수 영양소라 생각하고 성장을 위해 어떻게 살려갈 것인지 곰곰이 따져보아야 한다.

만회할 요소를
끝까지 밝혀내라

실패는 롯폰기(六本木)에 오픈한 3호점에서도 경험했다.

2호점을 가미야초(神谷町)에 열었고 그럭저럭 순조롭게 돌아가기 시작해 3호점을 롯폰기에 오픈하였다.

'원조' 롯폰기점은 가이엔히가시(外苑東) 거리에 있었는데, 맞은편에는 유명 커피체인점인 스타벅스(Starbucks)가 커다랗게 버티고 있었다. 당시 털리스는 브랜드 인지도 면에서 스타벅스와는 큰 격차가 있었다.

지점의 구조 또한 입구에서 안쪽으로 쑥 들어가 있었으며 매장은 좁고 길어, 대단히 좋지 않은 상황이었다. 낮에는 매장 앞을 지나는 유동 인구도 적은 그야말로 악조건이었다.

롯폰기점은 그 당시 대주주가 들여보낸 한 임원이 지점을 얻어 오픈을 마음대로 결정한 곳이었다. 애초부터 브랜드 이미지가 확립될 때까지는 오피스 지역을 염두에 두고 지점을 내려 계획했었기에, 이 롯폰기점 오픈은 참으로 납득하기 어려웠다. '뭔가 잘못 돌아가는 듯한', '왠지 께름칙한 기분이 드는' 한마디로 내키지 않는 마음이었지만 결국 대주주를 거스를 수 없었기에 지점을 내게 되었다.

예상대로 오픈과 동시에 롯폰기점은 적자를 기록했다. 그 액수는 월 수십만엔 정도였지만 긴자점과 가미야초점 고작 두 지점밖에 없었던 당시의 털리스로서는 그 적자가 치명상이 될 수도 있었다.

나는 즉시 롯폰기 외에 새로 오픈할 만한 곳을 찾기 시작했다. 다행히도 지점을 낸 지 3개월 만에 같은 롯폰기 내였지만 훨씬 나은 장소(현재의 롯폰기힐즈 입구의 맞은편 장소)로 이전하게 되어 롯폰기점은 '철퇴'가 아닌 '이전'이라는 모습을 갖출 수 있었다.

이 롯폰기점 실패에서 배운 점은 다음 두 가지이다.

우선 실패를 인정할 것,
그것도 지체 없이 인정할 것

'더 이상 이건 무리다'라는 판단을 신속하게 내릴
수 있다면 바로 다음 방법을 강구할 수 있다.
'원조' 롯폰기점의 악조건으로는 만회할 가망이 없
다는 것을 재빨리 인정하고 오픈할 다른 지점을 물색
함으로써 더 나은 쪽으로 방향 전개를 할 수 있었다.

그리고 또 한 가지,
바로 나의 직감을 믿는 것

이 롯폰기점 오픈은 처음부터 내가 반대한 데다가
오픈 이후로도 줄곧 '뭔가 아니다'라는 위화감이 응
어리처럼 남아 있었다.
중요한 결정을 해야 할 때에는 스스로의 직감을 믿
고 상대방이 대주주이건 누구건 싸우는 한이 있더라
도 자신의 신념을 관철할 필요가 있다고 절실히 통감
한 사건이었다.

물에 빠지더라도
'지푸라기'를 잡아라

이는 앞서 언급한 적자 연속의 1호점 경영에서 수익을 만회할 때까지 영업을 포기하지 않은 이야기와 상반되어 얼핏 모순처럼 보일 수도 있지만, 1호점은 반드시 만회할 수 있다는 승산이 있었던 데에 비해 롯폰기점은 만회할 요소를 찾을 수 없었다는 점이 커다란 차이였다. 내게 통찰력의 중요함까지 가르쳐준 귀중한 경험이었다.

물에 빠진 자는
지푸라기라도 잡는다

털리스 커피 1호점을 내기 위해서 나는 7천만 엔의 빚을 졌다. 빚을 갚기 위해 매달 이익을 올리는 것이 필수였으나, 백만 엔 이상의 적자가 3개월 동안 이어졌다. 밤잠 자지 않고 일해도 적자는 계속 늘어만 갔다.

이러한 경우 대부분의 경영자들은 어떻게든 경비를 줄이는 방법을 취하지 않을까?

레스토랑 경영을 생각해 보자.

적자가 이어지면 어쩔 수 없이 고기나 생선 등의 원재료를 더 싼 값에 들여와 요리를 하려 할 것이다. 재료비는 줄일 수 있겠지만 손님은 음식을 먹는 순간

고개를 갸웃거리며 이렇게 말할 것이다.

"이 가격에 이 고기는 좀 아니네요."

"이 가격이라면 저쪽 가게가 더 낫겠는데요."

결국 손님들은 다른 가게로 가버리고 말 것이다.

손님이 줄면 적자는 더욱 늘어나기 때문에 더 싼 재료로 바꿀 수밖에 없다.

종업원들 중에는 위기를 느끼고, 혹은 가게의 운영방식에 분개하여 그만두는 사람이 나올 수도 있다. 그러면 서비스의 질도 저하된다. 결과적으로 손님의 발길은 더더욱 멀어져 간다.

죽음의 스파이럴(spiral),

결국 패배의 악순환이 계속해서 이어질 수밖에 없다.

예전엔 거리에 수많은 다방이 있었다. 그러던 것이 어느샌가 사라져 버렸다. 그 이유 중 하나가 이 패배의 나선이 작용했기 때문이 아닌가 생각한다.

커피원두는 그야말로 최상급에서 최하급까지 있어 개중엔 킬로그램당 불과 몇백 엔에 살 수 있는 원두도 있다. 다방에서는 이 같은 값싼 원두를 사용하면서 한 잔에 원가의 몇 배 이상의 값을 붙여 받고 있다.

다방 경영자 중에서 '어차피 커피 맛 따위 손님은 구별할 수 없어. 커피에 설탕과 우유를 섞으면 맛은 다 거기서 거기야'라며 품질을 높이려는 노력을 게을리해 온 이도 많지 않을까 한다.

일본이 잘살게 되고 고급스러운 입맛의 소비자가 늘어나고 있다는 사실을 알아차리지 못했거나, 혹은 어렴풋이 알아차리면서도 늘 하던 대로 현상을 유지해 온 탓이다.

이런 패배의 악순환에 빠져들어 한때는 일본 특유의 커피 문화라면서 생겨났던 다방이 하나둘 줄어든 것이다.

이러한 악순환에서 빨리 빠져나가는 것이야말로 위기에 처한 경영자가 취해야 할 마땅한 방법이다. 그렇다면 마이너스를 플러스의 나선으로 바꾸기 위해서는 어떻게 해야 좋을까.

그 방법은 현재 투자하는 그 이상으로 투자를 하는 것이다. 재료에 더욱 신경쓰며 좋은 것으로 바꿔본다.

물에 빠지더라도
'지푸라기'를 잡아라

그리고 똑같은 재료를 가지고 어떻게 요리해야 훨씬 맛있는 요리를 만들 수 있을지 연구한다. 서비스도 과거보다 더욱 신경을 써본다.

그렇게 해봤자 적자가 늘기만 할 뿐 나아질까 하는 반론이 나올 수도 있다.

하지만 마이너스 나선의 도착점은 가게를 망하게 할 따름이다. 재료의 질이 떨어진 가게에 더 이상 손님이 늘어날 가망은 없다. 당분간은 어느 정도 유지할 수 있다 하더라도 결국 막다른 길이 되고 만다.

하지만 재료를 음미해 가며 손님에게 더 나은 서비스를 제공하려는 가게에는 적어도 가능성은 남는다.

그 가게는 싸고 맛있다는 입소문으로 손님이 손님을 불러들일지도 모른다.

필사적으로 요리를 연구하는 것은, 가령 현재 운영하는 가게의 문을 닫는 일이 있다 하더라도 장차 결코 헛된 일이 되지 않는다.

친절한 미소 서비스나 손님과의 커뮤니케이션은 앞으로 어떤 일을 하더라도 필수불가결한 것이기 때문이다.

필사적으로 행한 일은 어떤 결과가 되더라도 반드시 몸에 배어 언젠가는 도움이 된다. 아니, 그런 역경 속에서 지푸라기라도 잡는 심정으로 필사적으로 행한 일이야말로 나 자신을 구하고 역경을 버티게 하는 힘이 된다.

이 말은 모든 일에도 적용된다.

일이 술술 잘 풀릴 때나 매우 바쁠 때에는 할 수 없는 또는 할 수 없었던 일을 역경 속에 있다고 가정하고 정중하게 정성을 담아 열심히 해보는 것이다.

한 가지 일에 최대한의 에너지를 불어넣어 보자. 어느 순간 패배의 나선, 즉 악순환에서 빠져나가고 있다는 사실을 분명 알아차리게 될 것이다. 나는 어떤 일이건 철두철미하게 하지 않으면 만족하지 못하는 성미다. 그것은 철저히 하기만 하면 당장은 결과가 나오지 않는다 하더라도 언젠가는 반드시 도움이 된다는 것을 온몸으로 느끼고 있기 때문이다.

물에 빠지더라도
'지푸라기'를 잡아라

최고경영자와 마음을 터놓고
직접 담판 짓다

교섭을 할 때는 처음부터
의사결정권을 가진 사람과 이야기를 나눈다.

이것은 은행 영업을 할 때 배운 나의 지론이다. 목표했던 기업의 직원에게 대단한 호감을 샀더라도, 그 직원에게 결정권이 없다면 역전패할 가능성을 마지막까지 떨쳐버릴 수 없다.

아무리 우수한 직원이 중간에서 중재를 하더라도 '남'을 통한 교섭은 중요한 요지가 절반도 전달되지 않는다. 뿐만 아니라 열정 같은 기본적으로 가장 중요한 요소는 거의 다 잘려나간다.

말은 이렇게 하지만 이름도 없고, 후원자도 없고, 자본도 없고, 가진 거라고는 하나도 없는 이가 기업의 최고경영자와 직접 교섭하기란 여간 어렵지 않다.

은행원 시절 나는 목표로 했던 회사의 사장과 만나기 위해 이런저런 노력을 기울였다. 예를 들면 좀처럼 만나주지 않던 사장을 엘리베이터 앞에서 하염없이 기다리고 있다가 그가 내리는 순간 우연히 만난 체하여 빠져나가지 못하게 하였으며, 감시가 호락호락하지 않은 안내 데스크 여직원에게 캐릭터 상품을 선물하면서 친분을 트고 사장을 꼭 만나게 해 달라고 부탁한 적도 있었다.

은행에 근무하면서 배웠던 이러한 방법은 은행을 그만두고 미국 틸리스 커피의 창업주인 톰 오키프(Tom O'Keefe) 회장과의 일생일대의 교섭을 진행할 때 무척이나 큰 도움이 되었다. 물론 그 당시 '나'라는 사람은 빈 몸뚱이에 열정만이 무기였다.

게다가 상대가 일본에 있었다면 그나마 나았겠지만, 그는 바다 건너 미국에 있었다. 나는 나의 생각과 계획, 일본 커피 업계의 현황 등을 리포트로 작성하여 메일을 부지런히 보내기 시작했다.

홈페이지에 나와 있는 대표 주소로 일주일에 한 번씩 열 통 이상의 메일을 보낸 후 가까스로 답신을 받았으나, '참고가 될 만한 의견 고맙습니다' 정도의 형식적인 한마디가 전부였다.

그러는 사이 스타벅스 1호점이 긴자에 오픈하였다.

일본에 고급 커피 전문점은 내가 가장 먼저 들여오겠다고 의욕에 넘쳐 있던 만큼 스타벅스 1호점의 오픈은 큰 충격이었다.

마음을 굳히고 털리스 본사에 전화를 걸었다. 물론 내가 수화기에다 대고 불러낸 사람은 회장인 오키프 씨였다. 그러나 그는 출장 중이었다.

"죄송하지만 출장지는 어디입니까?"

"일본입니다."

비서로부터 그의 위치를 알아내는 데 성공했다. 숙박 호텔을 묻고 바로 연락을 취했다.

"5분이든 10분이든 상관없습니다. 잠시만이라도 시간을 좀 내주십시오."

통사정을 하고서야 겨우 오키프 씨를 만날 수 있었

는데 무려 2시간 동안이나 식사를 할 수 있었다. 그와 의기투합한 나는 다음 달 다시 시애틀로 날아갔다. 구체적인 교섭을 하기 위해서였다.

이것도 은행 영업을 통해 터득한 사실이지만 상대가 제아무리 호감을 보이더라도 계약서에 사인할 때까지는 한순간도 방심해서는 안 되는 것이 비즈니스의 철칙이다. 교섭이 순조롭게 진행된다고 해서 계약이 성사된다는 보장은 없다.

앞에서 '최악의 상황을 상정하고 일에 매진한다'고 말한 바 있다. 이것은 교섭에서도 마찬가지다.

비즈니스는 최후의 마무리가 가장 중요하다. 거기에 가장 많은 에너지를 쏟지 않으면 안 된다.

하지만 그 과정에서 솔직하게 자신의 속내와 열정을 보여준다. 상대의 마음에 업무상의 의지 이상으로 강한 인상을 남기는 것이다. 이것이 상대방의 마음을 움직이는 중요한 열쇠가 된다고 믿는다.

첫 대면에서 두 시간이나 식사를 함께해 준 오키프 씨. 그때 그는 나의 열의와 열정을 인정해주었다.

운을 가져다주는 것은
사람

성공과 실패에는 종종 '운'이라는 말이 따라다닌다.

'성공한 것은 운이 좋았기 때문'이라든지, '운이 약간만 따라줬더라면 실패는 면했을 텐데'라든지 운이 좋은 사람의 공통점이나 운이 따르는 비결 등등 많은 사람이 운에 대해 자못 관심을 가지고 있다.

지금까지 나의 경험으로 보면 운이란 사람이 가져다주는 것이 아닌가 한다. 내가 움직일 때든, 상대방이 와줄 때든 운을 가져다주는 것은 언제나 '사람'이다.

만나는 한 사람 한 사람이 운을 가져다준다.

요컨대 많은 사람과 만나면 만날수록 그만큼 운이 따를 확률은 높아진다.

털리스의 긴자 오픈 당시 나는 하루에 5백 명 정도의 손님을 대하며 커피를 내렸다. 한 명이라도 더 많은 손님의 얼굴을 기억하고자 했고 손님이 조금이라도 더 기분 좋게, 또 맛있게 커피를 마셨으면 하는 바람으로 정말이지 열심히 하였다.

영업이란 어떻게든 사람의 마음을 사로잡는 일이다. 한 사람 한 사람에게 어떻게 해서든 그 상품을 사게끔 하는 일이다. 하지만 단지 산만하게 많은 이에게 미소를 보내기만 해서는 상대의 마음을 사로잡을 수 없다.

은행원 시절부터 영업 관련 일을 좋아했던 나는 업무 중에서도 이미 다른 은행과 거래하고 있는 기업을 자사 고객으로 유치해 오는 신규개발 영업을 담당했다. 그 일은 은행 업무 중에서도 유일한 공격적 포지션이라고들 했다.

내가 영업을 좋아했던 이유를 꼽아보면 한결같이

사람 만나는 일을 좋아했기 때문이다.

한 고객을 앞에 두고 어떤 식으로 이야기하면 이 사람의 마음을 사로잡을 수 있을까 하고 상상하는 것이 즐겁다. 고객과의 이야기에 시간 가는 줄 모르고 정신을 쏟고 있다가 정해진 귀사 시간에 늦어 야단을 맞은 적도 한두 번이 아니었다.

긴자에 털리스 커피 1호점을 열고 그곳의 점장이 되었을 때도 그때까지 느꼈던 그 이상으로 사람 사이의 인연이 가져다주는 운을 실감하였다.

개점 후 적자가 이어지자 손님이 한 분이라도 더 많이 방문해 주었으면 하는 마음에서 전단지를 들고 근처 대기업을 대상으로 발로 뛰며 영업을 했다. 한 장 한 장 전단지를 돌리며 "이런 가게가 생겼으니 잘 부탁드립니다"라는 말을 건네는 단순하지만 성실성을 요하는 일이었다.

대부분의 대기업으로부터 문전박대를 당하는 와중에 제대로 상대해 주는 곳도 있어 매우 기뻐했던 것이 기억에 남아 있다.

매장 근처에 있던 오래된 전통 있는 백화점을 돌며

전단지를 나눠주고 매일 웃는 모습으로 큰 목소리로 인사를 하니 백화점 직원들이 하나둘씩 손님으로 오기 시작했다. 특히 나중에 미쓰코시(三越) 백화점 사장이 된, 그 당시 미쓰코시 긴자점의 임원이었던 점장이 많은 사원을 데리고 와 준 적도 있었다.

그 후 점심시간이나 퇴근길은 물론 손님이 가장 뜸했던 이른 아침이나 출근 전에도 많은 사람들이 들러주었다.

운은 사람이 가져다준다고, 사람만이 가져다줄 수 있다고 느낀 순간이었다.

물에 빠지더라도
'지푸라기'를 잡아라

만남이 잦을수록
운이 따를 확률은 높아진다

2006년 털리스는 일부 임원의 계략으로 적대적 인수 합병의 대상이 되어버렸다.

이대로 팔짱 끼고 앉아 있다가는 매수를 당할까 싶어 이전부터 털리스 커피에 관심을 가지고 "기회가 생기면 자본 제휴를 하고 싶다"고 했던 회사의 몇몇 분에게 협조를 요청했다.

어떻게 해서든 적대적 인수를 막아야 한다는 일념으로 나는 말 그대로 죽을 각오로 뛰었다.

내가 만나던 사람 중에는 이토엔(伊藤園)의 상무도 있었는데, 그는 옛날에 내가 살았던 동네인 도쿄에서 가까운 한 교외에 살고 있었다.

이대로 간다면 얼마 안 있어 매수를 당하지 않을까 전전긍긍하면서 선후책을 마련하기 위해 분주하게 뛰어다니던 어느 날, 기분전환 겸 조금 멀리 교외로 나가보고 싶어졌다.

'드라이브 겸 전에 자주 갔던 그 책방에나 한 번 가 볼까?'

그 책방에는 정말이지 오랜만에 들르는 것이었다. 한 2년 만이었던 것 같다.

책방 한 귀퉁이에 서서 한참 책을 읽고 있는데, 마침 어디서 본 듯한 사람이 내 옆을 지나쳤다. 밝고 근사한 티셔츠에 청바지 차림의 남자. 자세히 보니 그 사람은 바로 얼마 전 상담을 하러 갔던 이토엔의 상무였다!

2년 만에 간 책방에서 아는 사람과 만나는 경우는 아마도 거의 없을 것이다. 나도 모르게 그에게 말을 건넸다. 알고 보니 그분 또한 한가하지 않은 몸이기에 아주 가끔 그 책방에 들른다고 했다.

"이거 정말 기가 막힌 인연이네요!"

우연의 일치라고 하기엔 너무도 뜻밖이어서 그도

마치 인연 같은 뭔가를 느꼈던 것일까. 며칠 후에 인수합병 문제와 관련해 긍정적인 답변을 받을 수 있었다.

그렇게 해서 털리스 커피 재팬은 벼랑 끝에서 적대적 인수합병을 면할 수 있었다.

어느 누가 그런 타이밍에 그와 같은 사람을 그 장소에서 만날 수가 있기나 한단 말인가?

마치 하늘의 조화 같은 행운이다.

미국 털리스 커피 창립자 톰 오키프 씨와의 만남,

긴자 1호점 오픈 점포를 빌려준 건물주,

벤처캐피탈로서 처음 자금을 제공해 준 MVC 사장,

그리고 적대적 인수합병의 위기에서 구해 준 이토엔 상무……

고비 고비마다 '하늘이 도왔다'라고 밖에 할 수 없는 사람들을 만난 사실이 지금 생각해도 놀랍다.

그들이 없었다면, 그네들의 도움이 없었다면……

다시 한 번 사람과의 만남, 인연의 소중함을 절실히 느낀다.

사업이란 결코 혼자 해낼 수 없다. 어떤 직종이든 어떤 직무든 우리는 사람들과 접촉하며 하루하루를 보낸다.

영업직이라면 많은 경우 하루 백여 명 이상의 사람과 만나는 이도 있을 수 있다. 굳이 영업직이 아니더라도 매일 인사를 나누는 직장동료, 거래처 사람, 퇴근 후에 만나는 친구나 아침에 들른 지하철역 매점 아주머니까지 정말 많은 사람과 만난다.

많은 사람과 만날수록 운과 마주할 확률은 높아진다. 사람들과 만나면 만날수록 이직이나 전직 혹은 큰 기회를 가져다주는 사람과 만날 확률도 그만큼 높아진다.

적자투성이의 매장을 어떻게든 다시 일으켜 세우고자 발버둥 쳤던 1호점 개점 당시에 나를 믿어주었던 고객들과 그 후 이런저런 궁지에 몰렸을 때 도움을 주었던 분들로부터 나는 중요한 사실 하나를 배웠다.

그야말로 물에 빠져 허우적거리며 지푸라기라도 잡는다는 심정으로 잡았던 그 지푸라기가, 실은 커다란 전환의 기회를 가져다줄 뿐 아니라 훗날 내 자신에게 크나큰 양식이 될 '황금 지푸라기'였다는 것을 말이다.

3

'평범한 일'에 주목하고
'사소한 일'을 갈고 닦아라

단조로운 일일수록
머리를 써라

장기 계획을 구상할 때나 혹은 노력만으로는 도저히 어떻게 해볼 도리가 없을 때는 환경이나 다른 사람이 지대한 영향을 미치는 경우가 있다. 그럴 때는 실패의 이미지를 선명하게 간직하고 오히려 '부정적 발상'으로 강구할 수 있는 수를 써서 선수를 치는 일이 중요하다.

하지만 스스로 단조로운 일이 견딜 만할 때는 철저하게 '긍정적'으로 생각한다. 이 긍정과 부정의 전환은 성과로 이어지는 유효한 방법이다.

무슨 일이든 얼핏 보면 8할 정도는 단조로워 보인다고 해도 과언이 아니다. 어떻게 단조로운 일을 긍

'평범한 일'에 주목하고
'사소한 일'을 갈고 닦아라

정적으로 받아들이며 즐기면서 생각을 짜낼 수 있는가. 이것이 갈림길이다. 다리가 뻣뻣해지도록 돌아다녀야 하는 영업이든, 전표 입력 작업이든 그야말로 어떤 일이든 일단 방법을 터득하게 되면 대단히 단조로운 일처럼 느껴진다.

나 역시 은행원 시절에나 창업을 하고 난 후에도 단조로운 일을 처리하는 데 많은 시간을 할애했다.

털리스 커피 1호점을 긴자에 오픈했을 때 남들 눈에는 내가 하루 종일 커피 내리는 일만 하는 사람처럼 비춰졌을 것이다. 하지만 맛있는 커피를 만드는 데에는 다양한 기술이 필요하다. 가령 커피 한 잔을 만드는 과정만 보더라도 원두를 갈 때는 온도나 습도에 따라 그 양을 조절해야 하며, 에스프레소와 우유의 조합인 라테를 만들 때에도 우유 거품의 미세한 차이로 기술의 우열이 금세 판가름 난다.

어쨌든 이 밖에도 전단지 배부, 손님 접대 시의 인사법, 영업 후의 가게 뒷정리 등등 정말로 단조로워 보이는 일이 많았다는 생각이 든다.

얼핏 보아 단조로워 보이는 일일수록 머리를 써라.

이것은 내 스스로 경험을 통해 배운 진리다.

단조로워 보이는 일일지라도 얼마나 신경 쓰며 몰입하느냐에 따라 몰라볼 정도의 성과가 나온다.

나는 취미로 웨이트 트레이닝을 하고 있는데, 아령 운동처럼 단순하고 별로 재미없는 극히 단조로운 동작도 근육의 단련을 의식하고 하는 것과 아무 생각 없이 멍하니 같은 동작을 반복하는 것과는 천지 차이다.

제아무리 큰일도 다 마찬가지다. 무슨 일이든 단조로운 작업일수록 정성껏 그 의미를 곱씹고 목적을 연상해 가며 골똘히 머리를 써서 한다면, 전혀 생각지 못한 커다란 성장의 발판을 마련할 수 있다.

스포츠를 떠올리면 이해하기가 쉽다. 처음에는 전혀 할 수 없었던 동작도 연습을 거듭하는 동안 자연스레 몸에 배어 움직이게 되는 순간이 있다. 어색했던 움직임이 언제부턴가 편안해진다. 그 이유는 한 단계를 뛰어넘었기 때문이다. 그렇게 되면 운동이 재미있어지고 다음 단계로 도약하기 위해 지금까지 해

'평범한 일'에 주목하고
'사소한 일'을 갈고 닦아라

온 이상으로 트레이닝에 매진하게 된다. 하나의 기술을 터득했다는 충만감을 맛볼 수 있기 때문이다.

운동이란 움직임의 단순한 반복이지만 머리나 두뇌를 쓰지 않는 것은 아니다. 일본의 야구선수 스즈키 이치로는 두뇌를 사용한 트레이닝으로 배팅 기술을 향상해 왔다고 한다.

"스트라이크 존(strike zone)만을 노리고 때리면 안타 수는 반드시 늘어납니다. 하지만 그 외의 존에 공이 오더라도 몸은 나도 모르게 반응을 하지요."

언젠가 그가 인터뷰에서 한 말이다.

"고로 머리가 지시하는 대로 몸이 움직일 수 있도록 트레이닝하면 됩니다."

즉 두뇌를 써서 단조로운 운동을 자유자재로 구사함으로써 자신의 생각대로 근육을 튼튼하게 변화시켜 가는 것이다.

지금 여러분이 하고 있는 단순한 작업도 마찬가지다.

누구에게나 단조로운 작업은 반드시 있기 마련이

다. 왠지 잘 풀리지 않거나 막다른 골목길에 내몰린 느낌이 들면 단조로운 작업을 정성 들여 해보자. 눈 감고도 척척 해 넘기는 손에 익은 작업에도 굳이 정성을 다하고 노력을 들이면 완벽하게 해낼 수 있다.

그러면 희한하게도 생각지도 못했던 곳에 대약진(大躍進)이 있다. 정신이 맑아지고 다음 과제에 몰두하고픈 마음이 생겨난다.

단순한 노동이 말 그대로 단순하고 지루한 채 끝날지, 아니면 그 일에서 성장의 열쇠를 찾아 자신을 바꾸어놓을 계기가 될지 그 갈림길은 일을 시작하는 단계에서 작업을 어떻게 받아들이고, 어떤 의미를 부여하며, 어떠한 생각으로 실행해 가느냐 하는 여러분의 사고방식과 선택에 달려 있다.

'평범한 일'에 주목하고
'사소한 일'을 갈고 닦아라

게임 감각을
일에 도입해라

같은 작업을 계속 반복하거나 단순 작업 등을 오래
하다 보면 지겨워져 움직임이 자연히 둔해진다.

나는 대학 졸업 후 창업을 위한 첫 단계로 어떤 기
업이든 최고경영자와 만나 이야기 나눌 수 있고 재무
에 대해서도 공부할 수 있다는 장점을 고려해 은행에
취업했다고 했다.

하지만 희망과 의욕으로 충만한 내가 입사 후 배치
받은 곳은 작은 규모의 쓰치우라(土浦) 지점이었다. 게
다가 마음속으로 고대하던 일은 하지 못한 채 날마다
주로 ATM 코너를 돌아다니며 현금을 넣거나 돈을
세는 등의 단순 작업을 맡게 되었다.

신입 은행원이었던 나는 그렇게 수천만 엔의 거금이 든 가방을 들고 관할 ATM 코너를 돌았다. 처음에는 '누군가에게 습격이라도 당하는 날에는 앉은 자리에서 현금을 다 털리겠군' 하는 긴장감으로 운전 중에도 팔에 힘이 들어갔지만 좋은 의미든 나쁜 의미든 사람은 적응하기 마련이다.

손에 쥐고 있는 것은 돈다발이었지만 단순히 종잇조각을 자판기에 넣고 돌아다니는 일과 별반 다르지 않다는 생각을 어느 순간 문득 하게 되었다. 그래서 날마다 반복되는 단조로운 작업을 어떻게 해야 능률적으로 할 수 있을지 생각해 보기로 했다.

어떤 길을 통과해야 가장 효율적으로 관할 구역을 돌 수 있을까, 또 어떻게 하면 지폐를 빨리 ATM기에 넣을 수 있을까 등 지도를 보며 지름길을 찾아보거나 작업 순서를 생각했고 '좋아, 어제보다 5분 일찍 끝냈어'라며 시간 단축의 구체적인 목표 수치를 만들고 게임 감각으로 연구를 거듭했다.

나는 지금도 이런 '게임 감각'을 자주 일에 도입한다.

단순한 작업일수록 게임 감각을 도입하여 활력을 불어

'평범한 일'에 주목하고
'사소한 일'을 갈고 닦아라

넣으려 한다.

얼핏 단순한 작업으로 보이는 것일수록 두뇌를 백 퍼센트 활용해서 작업을 해야 한다. 단조로운 일을 즐겁게 해낼 수 있도록 이런저런 궁리를 해보는 것이다. 이런 식으로 사고를 조금씩 바꿔 보자.

녹차 전문 카페, 쿠츠 그린티를 시작했을 무렵의 이야기이다.

신규 지점 오픈을 앞두고 펠로우들과 근처에 배부할 전단지를 수작업으로 만들었다. 전단지가 완성된 것은 개업 당일 새벽 2시. 겨우 마무리되었다고 한숨 돌리는 순간, 전단지와 함께 나눠주려 했던 '무료 시음권'을 아예 전단지에 부착해 사람들에게 나눠주는 게 낫겠다는 생각이 머릿속을 스쳤다.

결국 새벽 2시에 스테이플러 작업을 시작해야만 했다. 게다가 당일은 개업일이라 오픈 준비를 하려면 새벽 5시까지는 매장에 가야만 했다. 펠로우들은 연일 계속된 고된 작업에 몸도 마음도 지칠 대로 지친 상태였다. 한편 전단지는 무려 3천 장이나 되었고 작업이 가능한 인원은 나를 포함한 6명의 펠로우들이 전부였다.

이러한 악조건에서도 어떻게든 작업을 해보려 했으나, 아니나 다를까 다들 지쳐버렸는지 스테이플러를 손에 쥔 채로 꾸벅꾸벅 조는 것이었다.

그렇지만 그 자리에서 무슨 수를 써서라도 새벽 5시까지는 작업을 끝내야 했다. 나는 어떻게 할까 고민하다 우선 모두를 불러 모았다.

"지금부터 게임을 하자!"

피로에 찌들어 있던 그들도 게임이라는 소리를 듣고는 반쯤 졸고 있던 눈을 떴다.

"지금부터 우리 6명을 세 팀으로 나눠서 어느 팀이 가장 빨리 스테이플러를 찍는지 게임을 하자고. 우승 팀에게는 맛있는 저녁을 쏘겠어."

일단 6명을 2명씩 세 팀으로 나누고 팀마다 어떤 식으로 작업을 할지 서로 의논할 시간을 10분씩 주었다. 그 10분 동안 각 팀은 신중하게 머리를 맞댔다.

한 사람은 스테이플러 또 한 사람은 종이, 이런 식으로 분담하는 게 좋을지, 아니면 두 사람이 스테이플러와 종이를 들고 각자 하는 게 좋을지, 종이 방향이나 스테이플러를 어떤 식으로 쥐고 작업을 해야 효율적일지 등등 각 팀은 진지하게 의견을 나눴다.

그렇게 10분이 지나고 일제히 '스타트', 작업이 게임으로 탈바꿈하자 서로가 즐겁게 경쟁하였고 놀랄 정도로 능률이 올랐음은 두말할 필요도 없다.

스테이플러 찍기 게임의 핵심은 '스타트 전 10분간의 의견 모으기'에 있다.

무작정 속도 경쟁을 하는 것이 아니라 효율을 높이기 위해 머리를 짜내는 것이 중요하다.

시작은 사소한 것일지라도 머리를 쓰고 궁리하는 습관을 들이면, 우리의 뇌는 점점 더 빨리 돌아가게 되고 새로운 아이디어를 낳을 수밖에 없다. 가슴 뛰는 궁리를 하거나 게임 감각을 도입함으로써 머리 쓰는 습관을 들이는 훈련을 하는 것이다.

그것이 가능하게 되면 무엇을 하든 어떤 상황에서든 매사를 긍정적으로 생각할 수 있게 된다. 이러한 발상의 전환이야말로 당장 눈앞의 단조로운 일에서

도 성장의 밑거름을 발견하여 자신의 지평을 한 단계
끌어올릴 수 있는 방법이다.

'평범한 일'에 주목하고
'사소한 일'을 갈고 닦아라

생각의 지평을
넓혀라

어떤 일이든 다음 단계로 나아가기 전에는 정체되는 시기가 있다. 일이 손에 붙으면서 슬슬 좀 더 어려운 일에 도전해 보고 싶어지는 시기가 찾아온다. 편해졌다고도 할 수 있고 따분해졌다고도 할 수 있다. 이 시기를 어떻게 대처하느냐에 따라 그다음 자신의 모습이 확 바뀌게 된다. 지금 따분하게 느껴진다면 그러한 고비가 왔다고 생각해라.

나 자신이나 주변 사람들이 이 같은 시기에 들어섰다는 판단이 서면, 나는 '자극'을 도입하곤 한다.

털리스에서는 고객의 생일이면 그동안의 감사의

마음을 담아 특별하게 라떼아트를 가미한 카푸치노 한 잔을 선물하고 있다. 1호점의 경우 단골의 생일에는 아이스크림 한 스쿱을 선물해 준 적도 있었다.

고객의 생일에 맞춰 뭔가를 선물하는 이벤트, 지금은 많은 음식점에서도 하고 있어 이제 그 자체는 그리 드문 일이 아니다. 사실 내가 이 생일 이벤트를 꼭 실행하고자 했던 이유는 단지 고객을 위해서만은 아니었다. 오히려 매장에서 일하는 펠로우를 교육하기 위한 한 가지 방편이라는 속사정이 컸다.

고객의 생일을 알아내기란 어떻게 보면 쉬울 것 같지만 생각보다 어렵다.

자주 오는 고객이라도 느닷없이 "고객님, 생일은 언제입니까?"라고 물으며 상대방은 뭔가 미심쩍어할 것이 분명하다. 오해를 사지 않고 생일을 알아내기 위한 방법을 강구하고 궁리하지 않을 수가 없다.

예를 들면 긴자점 시절에는 당시 유행했던 동물로 보는 점술 책을 이용했다. 휴식 시간이나 틈이 날 때면 고객에게 다가가 "늘 찾아주셔서 감사합니다. 잠깐 실례해도 될까요?"라고 말을 건넨 후 옆자리에 앉아 "요즘 이런 점이 유행하는데 알고 계십니까?" 하며 점을 핑계 삼아 생일을 물어보는 것이다.

그런 다음 생일 당일이나 생일 즈음에 매장에 오신 고객에게 축하 인사말과 함께 선물을 건네는 식이었다.

고객에게도 놀라운 일이겠지만 이 이벤트의 진정한 목적은 펠로우들이 일상의 업무에서 벗어나 조금은 색다른 안목으로 자신의 일을 재인식하게끔 하는 점에 있었다. 일상의 반복되는 업무에 작은 파도를 일으킴으로써 새로운 시사점을 얻었으면 하는 마음이었다.

생일 축하 이벤트로 고객에게 큰 즐거움을 선사했다면, 이 외에도 고객을 기쁘게 해 줄 새로운 이벤트가 또 없을까 생각해 볼 수 있다.

가령 취업 활동으로 고군분투하는 사람에게 뭔가 도움을 줄 수 있는 이벤트 같은 것 말이다. 펠로우 중 한 명은 언제나 간편한 복장으로 오던 사람이 면접용 정장 차림으로 매장에 들른다면 "취업 활동을 응원합니다"라고 격려의 메시지를 전하는 서비스 기획을 제

안하고 실제로 매장에서 실행하여 호평을 얻기도 했다.

또는 수험용 참고서나 공책을 펼치고 있는 고객에게는 "시험 잘 보세요"와 같은 응원과 더불어 격려차 커피 한 잔을 서비스하고 취업이나 진학이 확정되었을 때는 함께 기뻐하는 이벤트도 있을 수 있겠다.

손님과 펠로우가 한마음이 되면 기분이 고조되면서 매장 안은 밝아지고 기운이 넘쳐나게 된다.

생일 이벤트에서 시작된 고객 서비스를 자신만의 방식으로 궁리하고 응용하여 더욱 폭넓은 아이디어로 늘려 나가는 것이다.

업무에 일상적인 재미를 보탤 수 있는지도 생각해 보자.

지금까지 익숙했던 업무의 배경 화면에 색다른 경치를 넣어보자.

그 힌트는 우리가 일하는 틈틈이 보고, 듣고, 느끼는 중에 얼마든지 잠재되어 있다. 그것을 찾아내는 안목을 키우는 것 역시 또 다른 게임이 되고도 남을 것이 분명하다.

'평범한 일'에 주목하고
'사소한 일'을 갈고 닦아라

투자한 열정은
곱절로 되돌아온다

긴자에 털리스 커피 1호점을 오픈했을 때 펠로우의 대부분은 대학생 아르바이트생이었다. 그것도 사립대학에 다니는 여유 있는 학생이 대다수였다. 당시 대학생이었던 동생이 친구들을 아르바이트생으로 소개해 주곤 했다.

나 자신이 국립대학에 운동부 출신이라 그런지 그들과는 기질이 미묘하게 다르다는 것을 느꼈다. 선입견일 수도 있겠지만 유복한 가정에서 자랐기 때문인지 그들은 일을 할 때도 왠지 진지함이 결여된 듯 보였다. 손님이 뜸해지는 시간이면 삼삼오오 모여 패션 얘기 등 수다를 늘어놓기 일쑤였으며 바리스타(barista)

의 고충을 알고 나서는 "이제 그만둬야겠다"며 불평을 늘어놓는 사람까지 있었다.

나는 긴자 1호점에 나의 모든 것을 걸었기 때문에 펠로우들이 어정쩡한 태도로 일을 하면 참으로 난감했다. 하지만 그런 나의 속사정은 차치하고라도 비록 아르바이트라 할지라도 일할 때만큼은 성실하게 임해주었으면 하는 바람이었다.

그들도 언젠가는 사회로 진출할 것이고 그날을 위해서 지금 이 순간을 진지하게 대면하는 자세는 결코 손해가 되지 않는다. 나는 이 같은 메시지를 전하고 싶었다.

생각 끝에 나는 그들과 무릎을 맞대고 허심탄회하게 이야기할 기회를 만들었다. 업무와 사생활에 대해 속마음을 터놓고 얘기하면서 그들을 이해하고 지금 하는 일에서 많은 것을 배웠으면 하는 심정이었다.

펠로우 중 한 명이었던 갈색염색 머리에 의욕이 없어 보였던 K 군은 손님에게 인사조차 잘하지 못했다. 아무리 주의를 주어도 마음에서 우러나오는 인사로는 들리지 않았다.

매번 웃으면서 인사하라며 말했지만 "잘 안 됩니다. 어쩔 수가 없습니다"라는 대답이 돌아올 뿐이었다.

어느 날 막차를 놓친 K 군을 차로 집까지 데려다주면서 그와 찬찬히 이야기 나눌 기회를 가질 수 있었다. 그는 수줍은 성격 탓인지 사람 대하는 것이 서툴렀고, 특히 억지웃음은 지을 수가 없다고 했다. 나는 그에게 이런 말을 해주었다.

"나도 은행원이었을 때 잘 웃지 못할 때가 있었어. 하지만 상사로부터 '좀 더 밝은 표정을 지으라'는 주의를 듣고서는 먼저 세상을 떠난 동생에게서 들었던 '형은 웃는 얼굴이 멋지니 더욱 많이 웃어야 해'라는 말을 떠올렸어. 그 후론 자연스럽게 웃는 얼굴을 만들려고 무던히도 노력했지. 그랬더니 그것만으로도 영업 실적이 오르는 거야. 처음엔 억지웃음이라도 괜찮다고 생각해. 웃는 얼굴을 생활화하면 어느 순간 진짜 미소를 지을 수 있게 되고 사람들과의 커뮤니케이션도 즐거워지는 법이지."

시급으로 일할 경우 '딱 급여만큼만 노동을 하면 된다'고 생각하는 사람이 많을지도 모르겠다. 그러면서 손님이 별로 오지 않으면 '운이 좋다'고 즐거워하고 그러다 바빠지면 '밑진다, 손해 본다'고 불만을 갖는다. 하지만 사실은 정반대다.

일을 능숙하게 처리하면 할수록 그 일에서 배우는 것은 많다. 고객을 대하는 방법에서 그 사람이 무엇을 원하는지를 알아차리게 된다. 어떻게 하면 고객이 기뻐할까를 늘 궁리하게 되고 자신에게 부족한 점을 깨닫는 그 과정에서 배우는 것은 그야말로 돈으로는 살 수 없는 가치가 있다.

일을 하면서 성실하게 임했던 경험이나 감각은 우리 몸 안에 남아 있다. 학창시절 운동이든 음악이든 열정을 쏟아부었던 경험은 어른이 되어도 잊히지 않는다. 뿐만 아니라 그 당시는 정말 힘들었어도 시간이 지나면 그리워지고 다시 한 번 그런 경험을 해봤으면 하게 된다.

진지하게 임했던 경험, 그 순간의 충실감은 보물이 되어 몸과 마음에 간직되기 마련이다. 운동이나 음악

등과 같은 취미에만 국한되지 않는다. 우리가 무슨 일이든 열심히 임했던 그 시간만큼은 충실감이 빛을 발한다.

많은 펠로우 중 어떤 사람은 남고, 또 어떤 사람은 떠나갔지만 많은 이들이 이렇게 말하곤 한다. "털리스에서 일한 경험이 크나큰 재산이 되었습니다"라고.

시간에 쏟아부은 에너지는 월급의 몇 배 이상으로 득이 되어 자신에게 되돌아오기 마련이다.

책상이 아닌 현장에서
발로 뛰며 생각하라

수산회사에서 근무하던 아버지의 전근으로 내가 아프리카 세네갈에 간 것은 5살 때였다. 세네갈은 과거 프랑스령이었기에 프랑스어를 쓴다. 당연히 나는 프랑스어를 한마디도 하지 못했고 그런 상태로 도착 당일 현지 유치원에 덜렁 팽개쳐졌다.

어린아이의 적응력이란 참으로 대단한 듯하다. 허전하고 불안해 견딜 수 없었던 것은 처음 며칠 뿐 2~3개월 후에는 프랑스어로 얘기하고 친구도 많이 사겨 즐겁게 지낼 수 있었다.

그러한 어린 시절 경험 덕분인지 나는 책상에 앉아 생각하기보다는 일단 현장에 뛰어드는 편이 되레 불안이나 걱정을 줄일 수 있다고 생각한다. '아이 낳기를 걱정하는 것보다 실제로 낳는 것이 쉽다'는 속담처럼 말이다.

미국 털리스 회장과의 만남에서도 직접 담판을 짓는 것을 꺼리지 않았고, 털리스 커피 1호점을 계약할 때도 점포 주인과 직접 담판을 지었다.

털리스 커피 1호점은 7천만 엔의 빚을 져가며 개업했는데도 처음 3개월은 적자의 연속, 그 당시에도 나는 내가 할 수 있는 일이라면 무조건 뭐든지 했다. 손으로 쓴 전단지를 주위 사무실에 뿌리고 털리스 로고가 박힌 컵을 직접 들고 미쓰코시 백화점을 시작으로 온 긴자 거리를 돌아다니거나 근처 기업에 영업을 나서거나 하면서 말이다.

백 가지 이론보다는 한 가지 실천이 더 값진 법이다.

이치나 이론 따위 필요 없다는 뜻이 아니다. 책상머리에 앉아 생각하기보다는 현장에서 발로 뛰는 편이 생각을 훨씬 더 잘할 수 있다는 말이다.

움직여야만 시시각각 변하는 현실과 현상을 파악

할 수 있다. 그리고 대처도 할 수 있다. 두뇌와 육체의 관계에서 자주 듣는 이야기인데 육체를 쓰면 쓸수록 두뇌 기능은 더더욱 좋아지는 듯하다.

'평범한 일'에 주목하고
'사소한 일'을 갈고 닦아라

사고력을 빼앗는
매뉴얼은 필요 없다

편의점, 카페, 패스트푸드점 등 대개 이런 체인점들은 매뉴얼을 만든다.

매뉴얼이란 정해진 일을 누구나 잘 처리할 수 있게끔 만든 것으로 고용주에게는 대단히 효율적이다.

앞에서 예로 든 고객의 생일에 특별하게 라떼아트가 들어간 카푸치노 한 잔을 선물하는 등의 아이디어도 지점에 따라서는 탐탁하게 여기지 않는 곳도 있는 듯하다. 라떼아트는 그냥 커피를 만드는 것보다 시간이 더 걸린다. 특히 많은 손님이 줄을 서서 기다리고 있을 때에는 1초라도 빨리 손님을 응대하는 것만으로도 매장의 매출은 바뀐다.

하지만 나의 목표는 서비스 이상의 '환대(Hospitality)'
였다.

'Hospitality'의 어원은 라틴어 'Hospice'로 '여행객
을 대접하다'는 의미에서 유래되었다. 'Hospitality'
에서 'Hospital(병원)' 식으로 발전된 경우에서도 알 수
있듯이 서로를 존중하며 상대를 소중히 대한다는 그
런 의미이다.

한편 서비스의 어원은 'Servant', 즉 '하인'에서 나
온 것처럼 위아래 상하관계가 있다.

또한 서비스에는 일종의 정해진 규칙이 있어 제공
하는 측에서는 그것을 지키기만 한다면 안심할 수 있
다. 하지만 'Hospitality'는 다르다. 장소나 상대에 따
라 임기응변으로, 돌발 상황에도 스스로 생각하고 판
단하여 대처해야 한다.

한때 모 기업과 업무 제휴를 한 후에 결국 제휴를
취소했던 적이 있다. 취소의 원인은 상대가 에스프레
소 대형 자동화기기를 막무가내로 도입하려 했기 때
문이었다.

자동화하면 효율은 확실히 높아진다. 실제로 현재

'평범한 일'에 주목하고
'사소한 일'을 갈고 닦아라

일본에 있는 대부분의 카페 체인점에서는 자동화기기를 사용하고 있다. 하지만 나는 여기서 효율을 선택하지 않았다. 그래서는 정성이 담긴 커피는 만들 수 없다고 생각했기 때문이다.

털리스에서 가장 소중한 'Hospitality'를 지키기 위해서는 지금처럼 수동의 커피 추출기를 사용할 필요가 있다. 그래야만 앞으로도 펠로우들은 한 잔 한 잔 마음을 담은 커피를 만들 것이기에. 그런 생각을 한 후 제휴를 취소했다.

평소 털리스의 펠로우에게 당부하는 마음가짐이 하나 있다.

손님이 "톨 사이즈 라테 주세요"라고 주문을 했다고 하자. 주문을 받은 사람은 바리스타에게 "톨, 라테"라고 전달을 할 것이다.

그런데 혹시 털리스에서 '톨, 라테'라고 하기 전에 'con passione(콘 파씨오네)' 혹은 'con amore(콘 아모레)'라는 말을 덧붙이는 것을 알고 있는가?

'con passione'란 '열정을 담아'라는 뜻을,

'con amore'란 '사랑을 담아'라는 뜻을 가지고 있는 이탈리아어다.

털리스에서 'con passione'나 'con amore' 등과 같은 말을 계속 외쳐대는데, 이 말은 펠로우가 '지금부터 고객 한 분 한 분을 위해 정성을 담아 커피를 만들겠습니다!'라는 마음을 다잡기 위한 각오이다.

또 한 가지, 주문을 받은 바리스타는 아무리 바쁘더라도 고객의 얼굴을 바라본다.

기계적으로 만드는 것이 아니라 앞에 있는 오직 한 분의 고객을 위해 커피를 만든다는 것이 고스란히 전해지기를 바라는 마음에서이다. 그래서 고객의 얼굴을 바라보는 것이다.

털리스 매장에는 수백, 수천 명의 고객이 온다. 매장 입장에서 보면 그들은 수백, 수천 명의 고객 중 한 분이다. 하지만 고객 한 분 한 분은 그들만의 맛있는 커피를 마시기 위해 일부러 찾아온다. 그러한 한 분 한 분을 위해 '정성을 담아' 한 잔의 커피를 만들어 주고 싶은 것이다.

이것이 내가 말하는 'Hospitality'이다.

서비스가 매뉴얼에서 탄생한다면 'Hospitality'는 머리를 쓰고 정성을 들이는 일에서 탄생한다.

앞으로는 매뉴얼대로만 해서는 사람이든 기업이든 살아남지 못한다. 매뉴얼만으로는 만족하지 못하는 소비자가 갈수록 늘어나기 때문이다.

이를 위해서라도 무슨 일을 하던 우선 머리와 마음을 함께 쓰는 버릇을 길러두는 마음가짐이 중요하다.

중요한 것은
사소한 일에 집약된다

현재 내가 경영자로서 추진하는 사업 경영방법의 대부분을 나는 털리스 매장에서 배웠다. 사장으로서 알아야 할 모든 일이 매장 안에 꽉 차 있었다.

　사람과 물건의 동선을 효율적으로 배치함으로써 움직임을 원활하게 한다.
　함께 일하는 동료와 커뮤니케이션하는 방법,
　손님을 기쁘게 하기 위한 아이디어,
　1엔이라도 매출을 더 늘리는 방법,
　긴급 시 대처방법,
　손실의 삭감 등……

미세한 세포가 모여 생명체를 이루듯 이런 사소한 일은 사업 규모가 제아무리 커지더라도 나의 경영을 떠받쳐주는 기초가 된다. 매장 안 화장실 청소, 손님이 돌아간 후의 테이블 정리 등 작거나 사소한 일 하나라도 소홀히 하게 되면 그 부분은 암세포처럼 서서히 몸 전체에 퍼져 간다.

규모가 작을수록 세세한 부분의 황폐는 바로 전체에 파급되어 되돌아온다. 커피 한 잔을 대충 만들면 바로 손님에게 외면을 당하게 되는 것처럼.

반면에 조직이 커지면 세세한 문제가 전체에 끼치는 영향은 바로 나타나지는 않는다. 그러나 미처 발견하지 못한 암세포는 서서히, 그리고 확실하게 온몸으로 퍼져 간다.

나는 때때로 결단이 망설여지거나 궁지에 빠졌다고 느낄 때, 그 옛날 털리스 커피 1호점 시절의 번민과 위기의 순간을 어떻게 극복했는지를 떠올린다.

눈 붙일 틈도 없이 날마다 땀을 뻘뻘 흘리면서 털리스 매장 안을 정신없이 뛰어다녔던 날들을 떠올리고, 손님의 환한 미소를 어떻게 다시 이끌어냈는지,

단골을 만들기 위해 어떻게 발로 뛰었는지를 되돌아보곤 한다.

『인생에 필요한 지혜는 모두 유치원 모래터에서 배웠다』라는 책이 있다. 역시 '중요한 것, 소중한 지혜는 최초의 가장 작은 하나의 단위에 집약되어 있다'는 것이 나의 지론이다.

우리는 태어나면 일단 조직의 가장 작은 단위인 가정에서 의사소통의 방법과 예절 등을 배운다. 이와 마찬가지로 사소한 일, 최소 단위의 일에는 그야말로 일의 본질이나 중요한 그 무엇이 담겨 있다.

'1은 100으로 이어지고 100은 1로 이어진다'는 말이 있다. 작은 일이 한 부분을 만들고 몇 개의 부분이 모여 한층 더 큰 한 획을 구성한다. 그와 동시에 큰일은 작은 일의 부분에 투영된다.

어떤 조직이든 부분에서 이루어진다. 그리고 그 부분은 더 작은 부분으로 이루어져 있다. 사소해 보이는 부분이야말로 전체를 떠받치고 있다. 아니, 전체 그 자체가 된다. 그러므로 아무리 하찮아 보이는 일일지라도 우습게 여기지 않고 열심히 임하는 사람은 자신도 모르는 새 큰일을 할 수 있게 된다.

지금 당장 눈앞에 놓인 일을 마음을 담아 정성껏 해보자.

평범한 일 같거나 단조로워 보이는 일일수록 누구보다도 먼저 아이디어를 짜내 보자.

그것은 더 높이 날아오르기 위한 여러분의 도약대가 되어줄 것이다.

'콤플렉스'에서
'보물'을 캐내라:

마이너 의식이 길을 개척한다

마이너 의식을
두려워 마라

아는 바와 같이 일본에서 맥도날드(McDonald's)는 후지타 상점을 거느린 후지타 덴(藤田田)이라는 당시 무명이던 단 한 사람의 경영자로부터 시작되었다.

그리고 미스터도넛(Mister Donut) 역시 당시 직원이 고작 몇 명뿐인 작은 회사에 불과했던 다스킨(Duskin)이 출자한 것이다.

이 두 회사는 대기업이 아닌 작은 회사에서 시작해 성공했다는 공통점이 있다.

대기업 자본에서 본다면 패스트푸드 체인점 경영은 수많은 프로젝트 중 한 가지에 불과하다. 그러나 작은 회사로서는 사운을 건 사업이므로 일에 임하는

'콤플렉스'에서
'보물'을 캐내라

정신 자세 자체가 전혀 달라진다.

대기업이 미국 체인점을 일본에 들여와 실패한 케이스는 수도 없이 많다.

'음식업에서 제일 필요한 것은 열정', 이것이 나의 지론이다. 이 열정에 용기를 얻을 수 있는 이유는 '지금은 아직 누구에게도 인정받지 못하고 있지만 이 사업은 기필코 많은 사람을 사로잡을 수 있는 힘이 분명 있다'고 믿는 확신 같은 그 무엇이 있기 때문이다.

열정이 가장 중요한 사업은 음식업뿐만이 아니다.

또한 그러한 열정을 품기 위해서는 메이저가 아닌 마이너 같은 존재라는 의식이 중요하다고 생각한다.

수많은 성공사례를 비추어 봤을 때 그들이 성공할 수 있었던 것은 책임자가 이런 마이너 의식을 갖고 있기 때문이 아닐까 생각한다.

이것은 개인의 성장도 마찬가지다.

똑같은 일을 한다고 했을 때 마이너 쪽 직장이나 환경에서 일하는 편이 분명 성장의 폭이 크다.

가령 영업을 나갔을 때 "아, 아무개 기업의 ○○○

씨군요"라며 바로 들여보내지는 사람과 문전박대를 당하면서도 몇 번씩이나 물고 늘어지며 일을 따오는 사람과는 같은 성과라도 그 의미와 가치가 서로 전혀 다르다.

편한 쪽은 물론 전자이지만 일이 성사되었을 때 더 큰 성취감을 만끽할 수 있는 쪽은 후자 쪽이다.

그런 묵직묵직한 성취감이 차곡차곡 쌓이다 보면 어디로 영업을 나가든 문제없을 거라는 자신감이 생긴다.

그리고 그 자신감은 '좋아, 나의 영역을 좀 더 넓혀봐야지' 하는 의욕으로 발전한다.

개인이든 기업이든 회사든 제아무리 성장 의욕이 높다 하더라도 방만해지거나 업계 1위의 위치를 차지하거나 하면 어쩔 수 없이 수비 자세로 돌아오고 만다. 반면 두 번째, 세 번째 위치에 처한 개인 혹은 기업은 싸워서 따라붙지 않으면 안 되는 상대가 늘 눈앞에 존재한다.

경쟁하는 자세는 사람이나 조직을 성장시킨다. 오히

려 경쟁 상대가 없는 상황에서 성장하라고 하는 편이 더욱 어렵다.

이야기가 비약하는 듯싶지만, 오다 노부나가[織田信長, 역자주: 일본 센코쿠(戰国) 시대를 통일한 무장]는 불과 5천 명의 병력으로 4만으로 추정된 강호 이마가와(今川) 군대를 무너뜨렸다. 이 경우도 소수라는 열세를 딛고 지혜를 짜고 궁리를 거듭해 쓸 수 있는 힘을 총동원해 사용했기 때문에 가능했다.

은행을 그만두고 털리스 일을 시작하기 전에 나는 수입 관련 일을 했다. 그 당시 나는 대기업 소속도 아니었고 직함도 없었다.

소매점 등의 여성 바이어를 상대로 가게에서 판매를 의뢰하는 상담 업무를 담당했는데, 상대 여성은 나보다도 훨씬 어린 소녀 같은 앳된 이들이었다. 그런 여성들로부터 덮어놓고 "이런 물건 팔릴 리가 없어요"라며 퇴짜를 맞았다. 영업상 많은 대기업을 돌았지만 대체로 반응은 냉담했다.

대기업 측에서 보면 대부분의 교섭 상대는 자신들보다 입지가 약하다. 그런 분위기에 젖어 있다 보면

본인들을 대단한 존재로 착각하는 경우도 있다.

상품이 팔리느냐 팔리지 않느냐 하는 순수한 판단이 아니라 협상하러 온 사람이 하는 말을 들을 것인지, 다루기는 쉬운 상대인지, 자신들에게 이익이 돌아오는지 등의 요소만으로 판단하는 경향이 있을지도 모른다.

하지만 그러한 행동은 기회를 놓치는 일이다. 사태를 판단하는 안목을 키우는 성장의 기회를 놓치고 있다는 사실을 많은 사람은 알아차리지 못한다.

마이너 혹은 두 번째, 세 번째 위치를 차지하고 있는 기업이나 개인은 사물의 본질을 꿰뚫어보지 않는다면 살아남지 못한다.

처음부터 '을'의 입장에서 대면하거나 문전박대를 당하는 것은 상대의 본질을 꿰뚫는 안목을 키우는 데 매우 도움이 된다. 빈말을 들어 판단력이 흐려지는 일도 없다. 어떻게 하면 만날 수 있을까 머리를 쓰고, 주위 사람에게 어떻게 보일까 하는 허세나 체면을 모두 버리고 도전할 수밖에 없다. 그래야 내가 원하는 목표에 곧장 나아갈 수 있다.

'콤플렉스'에서
'보물'을 캐내라

내가 털리스 커피 재팬 사장직을 퇴임하고 도전 중인 '털리스 커피 인터내셔널' 역시 마찬가지다. 털리스 커피는 현재 미국과 일본에만 매장이 있기 때문에 완전히 마이너에서의 재도전이다.

더불어 미국에서는 서브웨이(Subway)에 이어 2위로 꼽히고 있는 샌드위치 체인점인 '퀴즈노스(Quiznos)'의 아시아 태평양 사장도 겸하고 있다. 이 회사도 아시아에서는 완전 무명이다.

마이너 위치에서 재출발, 재도전하는 입장에서는 자연스레 '전투 자세'가 기본이 된다. 이번 도전을 거친 다음 나에게 또 어떤 새로운 성장이 기다리고 있을까를 생각하면 절로 기대가 된다.

'이 정도면 됐어' 하는 순간
내리막길

나는 웨이트 트레이닝을 시작한 지 꽤 오래되었다. 트레이닝을 계속하는 이유는 꼭 해야 해서라기보다는 즐겁고 재미있기 때문이다. 재미란 사람에 따라 다양하겠지만 나는 우선 웨이트 트레이닝은 재능이나 센스를 거의 필요로 하지 않는다는 그 점이 재미있다.

야구나 축구, 골프 등은 아무리 노력해도 감각이 뛰어난 사람에게는 당할 수 없는 부분이 있다. 하지만 웨이트 트레이닝은 그렇지 않다. 건강한 신체를 가진 보통 사람의 경우 바벨의 무게를 50킬로그램에서 60킬로그램, 다음엔 70킬로그램으로 점차 늘려나가면 누구나 들어 올릴 수가 있다.

또 다른 재미는 나 자신과의 싸움이라는 점이다. 다른 사람과의 경쟁이 아닌 늘 어제의 나와 경쟁한다. 어제 50킬로그램을 들어 올렸다면 오늘은 단 몇 그램이라도 50킬로그램을 넘어서는 것이 과제이다.

내가 들인 노력의 결과가 그대로 나타나는 바로 그 점이 즐거움이자 재미이다.

가령 최고 150킬로그램 벤치프레스(Bench Press, 역자 주: 벤치에 누워 역기를 올렸다 내렸다 하여 근육을 강화하는 운동)를 들어 올리는 사람은 평상시 120킬로그램이나 130킬로그램을 10회 정도 들어 올릴 수 있으며, 또 들어 올릴 만한 힘을 가지고 있다.

하지만 날마다 딱 10회씩만 들어 올리는 사람과 이틀 혹은 사흘에 한 번이라도 11회씩 들어 올리려고 노력하는 사람과는 3개월 후에 그 성과는 완전히 달라진다.

늘 10회를 들어 올리는 사람은 3개월 후 최고치에 도전해도 역시 150킬로그램밖에 들 수 없다. 혹은 이전에 들었던 150킬로그램을 들어 올릴 수 없는 경우도 있다.

한편 조금이라도 무거운 중량에 도전했던 사람은 155킬로그램 혹은 160킬로그램 이상을 들기도 한다.

즉 3개월 전에는 같은 수준이었는데, 날마다 조금이라도 '한 걸음 한 걸음 더 노력'하는 사람과 그렇지 않은 사람과는 결과에 큰 차이가 생긴다.

물론 연령과 신체 능력에 따라 그 차이가 명확히 드러나는 사람과 거의 알아차리지 못할 정도의 차이가 나는 사람이 있다.

차이는 있겠지만 어제보다 약간이라도 더 높은 곳을 지향하지 않는 사람은 확실하게 쇠퇴가 시작되고 있는 것이다.

천여 명의 직원을 거느린, 흔히들 말하는 안정된 기업이 있다고 가정하자. 그 기업 직원 중 절반이 '지금 우리 회사는 안정적이고 급여도 괜찮고 만족스러워. 이대로 매출을 유지하고 지금의 급여를 계속 받을 수만 있으면 아무 문제없겠어'라는 마음가짐이라면, 그 기업은 틀림없이 몇 년 후에는 위기를 자초하게 될 것이다.

털리스 커피 재팬을 상장하고자 전력투구할 때 몸소 느낀 것으로, 상장이라는 목표를 면전에 두면 대부분의 직원들은 '조금만 더 힘을 내자, 좀 더 위를 보고 달리자'며 노력한다. 그 덕분에 실적은 줄기차게 쑥쑥 오르며 상장할 수 있게 된다.

그러나 일단 상장한 후 '잘 됐다 잘 됐어. 이제 이것으로 충분해' 하며 현 상황에 만족하는 직원이 과반수를 차지하게 되면, 그 회사는 가차 없이 내리막길로 접어들게 된다.

'현상 유지'란 위험천만한 말임을 명심해야 한다.

아무리 작은 과제일지라도 늘 자기 스스로에게 부과할 일이다.

성장하는 자만이 살아남는다. 이것이 자연의 섭리이다.

달콤한 함정,
차선책을 지양하라

현재 일본의 GDP는 미국에 크게 뒤처져 있다고는 하지만 세계 2위이다. 전 세계 약 190여 개국 가운데 2위라는 사실은 정말 대단하다.

이런저런 문제점이 있다고는 하나 일본으로서, 또는 일본에 거주하고 있다면 대단히 '기분 좋은 일'일지도 모른다.

그러나 다른 관점에서 본다면 어째서 미국을 제치고 1위가 되려고 하지 않을까 하는 생각이 들 수도 있다. '미국 다음이면 어때, 넘버 투라도 괜찮다'고 무의식중에 그 위치에 만족해하는 듯하다.

앞서 웨이트 트레이닝 이야기에서 말한 바 있지만

'이 정도면 됐어' 하고 한숨 돌리는 순간부터 이미 쇠퇴가 시작되는 데도 현재의 풍요로움에 눈이 멀어 쇠퇴의 징조를 알아차리지 못하는 듯하다.

그야말로 일본은 '삶은 개구리' 증후군 상태라는 생각이 든다. 개구리를 물속에 넣고 물의 온도를 서서히 높인다. 수온은 올라가지만 급격히 오르지 않고 서서히 오르기 때문에 물속에 든 개구리는 수온이 오르는 것을 알아차리지 못한다. 알맞은 온도 속에 있다고 개구리는 착각을 하게 되고 결국 자신도 모르는 사이 삶아져 죽고 만다.

온도는 조금씩 올라가고 있는 데도 줄곧 기분 좋은 상태에 있다고 착각한다. 자신이 삶아지고 있다는 사실을 깨닫지 못한다.

웨이트 트레이닝은 3개월 과정에서 결과에 차이가 난다. 그렇다면 '국가'는 어느 정도 세월이 지나야 차이가 날까? 일각에서는 이미 시작되었다고 경종을 울리는 사람도 있다. 중국이나 인도, 브라질, 러시아 등 무서운 기세로 발전하는 국가들로부터 일본은 언젠가 추월을 당할지도 모른다.

나는 다음 사업의 본거지를 싱가포르에 둘 생각이다. 싱가포르는 좁은 국토, 적은 인구, 빈약한 자원 등등 대단히 불리한 조건을 가진 나라이다.

그러한 약점을 직시하고 전략적인 외교 정책을 펼쳐 온 싱가포르는 세율을 낮추고 아시아의 허브 체제를 만듦으로써 세계 경제에 어필해 왔다. 그 결과 작은 나라라고는 생각할 수 없을 정도의 알찬 경제력을 갖추고 날로 성장하고 있다.

일본과는 정반대로 세율을 낮추는 정책을 취하면서 자국민에게 도전정신을 불러일으키는 동시에 전 세계의 열정적인 사람들이 모여드는 구조로까지 만들고 있다. 그러한 환경이라면 국가든 회사든 인재든 크게 성장할 것이 분명하다.

2위에 만족하는 일본의 현 상황과 마찬가지로 개인을 놓고 본다면, 현재 하고 있는 일에 안주하는 사람은 뜨거운 물에 '삶아지고 있다'고 자각하지 않으면 안 된다.

완전히 삶아져 죽고 말든가, 아니면 좋든 싫든 그 미적지근한 물에서 나올 수밖에 없는 날이 반드시 오

'콤플렉스'에서
'보물'을 캐내라

게끔 되어 있다. 그날을 위해서라도 날마다 스스로에게 부하(load, 負荷)를 걸어 성장을 목표로 꾸준히 노력하는 것이 중요하다.

강렬한 체험을 파고들어
나만의 목적 발견하기

"저는 인생의 목적이 없습니다. 어떻게 찾으면 좋을까요?"

강연회가 끝날 쯤엔 종종 이런 질문을 받는다.

내가 '음식'과 관련된 분야에서 사업을 해야겠다고 마음먹은 것은 미국에서 일본의 식문화에 대해 무시당했던 일이 계기가 되었다.

"날생선을 먹다니, 역겨워!"

중학생 때 초밥을 먹고 있는 나를 보고 미국 친구들이 한 말이다. 바보 취급받고 놀림을 당했던 나는 언젠가 그들이 초밥이나 생선회의 맛을 인정하게끔 해야겠다고 결심하게 되었다. 초밥을 비롯한 일식이 미국에서 유행하게 된 때는 그로부터 몇 년 후였다.

70~80년대 당시 미국은 일본에 대한 편견이 강하게 자리 잡고 있던 시대였다. 그런 편견이 가장 심했을 무렵 미국에서 어린 시절을 보냈던 나는 번번이 차별과 편견의 벽에 부딪혀야만 했다. 초밥을 비롯한 음식에 관련된 것뿐 아니라 첫사랑의 부모님한테까지도 동양인이라는 이유로 환영받지 못했다.

그래서인지는 몰라도 아무튼 이런저런 이유로 '초밥을 비롯한 일본 음식은 세계에 자랑할 만하고 그런 음식을 만드는 일본인이라는 사실에 긍지를 느끼는' 의식이 생겨났다.

지금이야 만화나 애니메이션 등이 현대 일본 문화의 대표 주자로서 전 세계에 알려져 있지만 옛날 부모님 시대에는 만화를 별로 탐탁지 않아 했다.

그런 경험으로부터, 즉 바보 취급받고 무시당하는 차별과 편견 속에서 다음 시대의 '싹'이 트는 법이라 생각하게 되었다.

사람으로 바꾸어 말하면, 지금까지 느꼈던 강렬한 체험, 분했거나 슬펐던 경험 속에 그 사람이 인생에서 지향하는 목적의 싹이 있다고 할 수 있다.

타인에게서 받았던 굴욕, 도저히 감당할 수 없었던 슬픔이나 후회, 몸이 부르르 떨릴 정도로 분했던 경험이라도 다 좋다. 어째서 그토록 분하고 슬퍼했는지 곰곰이 따져 보자. 내가 속상하다고 느꼈다면 그런 굴욕을 상대에게 주지 않기 위해서는 어떻게 해야 하는지 생각해 보자.

따돌림을 당한다면 복수를 생각하는 게 아니라 따돌림을 없애기 위해서는 어떻게 해야 하는지 그 방법을 심사숙고해 보는 것이다. 지금은 주위에 친구가 없어 자신만 왕따를 당하고 있다고 생각할 수도 있다. 당장은 그렇게밖에 생각할 수 없겠지만 좀 더 넓게 세계를 바라본다면 같은 처지에 있는 사람은 수없이 많을 것이다.

이상론이 아니다.

그러한 강렬한 체험을 중심축으로 고정해 놓으면 목적에서 벗어나는 일은 드물기 때문이다. 단지 큰돈을 벌고 싶다거나 사업을 하고 싶다는 의지만으로는 그 대상은 좀처럼 모습을 드러내지 않는다. 이룬 것은 하나도 없는데, 이것도 좋고 저것도 좋다고 쓸데없이 여기저기에 관심이 쏠릴 위험성마저 있다.

어린 시절 초밥 먹는 자체가 역겹다는 말을 들었기 때문에 나는 음식을 고집해 왔다. 일본인으로서 차별을 받았기 때문에 일본인으로서 세계에 당당히 나가고자 하는 큰 목적을 품을 수 있었다.

스스로를 격려하는 뜻을 가진 '콤플렉스를 도약의 발판으로 삼는다'는 말이 있다. 키가 작다거나 성격이 우울하다는 등 남들로부터 소외당하기 쉬운 요소를 도약의 발판으로 삼아 다른 쪽으로 남들보다 갑절 이상 노력한다는 말이 아닐까.

하지만 소외당하고 있다 해서 그것을 단순히 자신의 약점으로 받아들이지 말고 정말 자신의 약점인지를 다시 한 번쯤 생각해 보았으면 한다. 성품이 온순한 것은 상대방을 배려하기 때문일지도 모른다. 성격이 밝지 않은 것은 매사를 신중하게 바라보기 때문일지도 모른다.

뇌과학자들에 의하면 이성에게 인기를 얻는 첫 번째 비결은 자신의 약점을 숨기지 않고 말하는 것이라 한다. 간사이(関西) 지방 사람에게 '바보'란 칭찬의 말이라고 들은 적이 있다. 재밌고 우스꽝스럽게 이야기를 풀어가는 만담가의 인기도 이른바 '바보'라는 약점을 '팔기' 때문이라 할 수 있지 않을까.

국가나 학교, 가정환경 등 자신을 이루고 있는 것을 부정하거나 부끄러워할 필요는 없다.

누구나 자신만의 고유한 인생을 살아간다. 환경은 제각각 모두 다르다. 슬프면 슬픈 대로 기쁘면 기쁜 대로 자신에게 주어진 환경 속에서 체험한 강렬한 감정, 타인과의 충돌에서 발생하는 강렬한 감정 등을 감추거나 덮어두지 말자. 그 안으로 파고들어 가지 않으면 자신 고유의 커다란 목적은 생겨나지 않으리라 생각한다.

모순되는 듯하지만 자기 '고유'의 처지, 감정을 약간의 거리를 두고 바라보는 자세도 중요하다. 나와 같은 처지에 있는 사람이나 나와 가까운 사람이 고통

'콤플렉스'에서
'보물'을 캐내라

받고 있지는 않을까 하는 관점으로 말이다.

친구 중에 다리가 불편한 사람이 있다면 그 친구를 위한 어떤 신선한 아이디어는 없을까를 생각해 본다. 가족 중에 '은둔형 외톨이'가 있다면 그들을 위한 독자적 교육시스템이 가능한지도 생각해 본다. 노인의 경우는 먹기 쉬운 식사, 더 많이 즐길 수 있는 장소를 만드는 등 자신의 시야를 점점 넓혀 세상을 바라볼 줄 알아야 한다.

내가 있고, 가족이 있고, 지역사회가 있고, 도쿄가 있고, 일본이 있고, 아시아가 있고, 그리고 세계가 있다. 어디서든 내가 할 수 있는 일은 반드시 있다.

나만의 이익, 나만의 미래, 나만의 행복만을 생각하는 것은 오히려 스스로를 점점 더 옭아매어 숨 쉬기조차 힘들어질 뿐이다.

보다 넓은 시야로 "과연 내가 이 일을 한다면 얼마나 많은 사람이 행복해질까."

가끔 이런 말을 읊조린다면 아마도 마법의 주문처럼 미래의 문이 활짝 열릴 것이다.

동생의 몫까지
'독하게 살겠다'는 각오

지금까지 내 인생에서 가장 강렬했던 경험은 다름 아닌 동생의 죽음이었다. 대단히 고통스러운 경험이었다. 그것을 견뎌내면서 나의 목적은 더욱 강해졌다. 너무나 아득하고 자칫 강한 의지 없이는 금방이라도 무너져 사라져버릴 듯한 목적의 '과녁'을 동생의 죽음이 떠받쳐주고 단단히 보강해 주었다.

내가 23살 때 심장병으로 명을 달리한 두 살 터울의 동생은 당시 21살이었다. 내 뒤를 따라 일본으로 귀국해 대학생이 되고 난 직후의 일이었다.

동생이 세상을 떠난 지 얼마 되지 않아 나는 산와은행 쓰치우라 지점에서 아카사카 지점으로 발령이

났다. 동생이 떠난 날이 1월 4일, 아카사카 이동은 그해 4월이었다.

내 월급의 5배 이상 이익을 올릴 요량으로 열심히 달려온 나였다. 동생이 세상을 떠난 충격은 너무나 커서 그해에는 마음먹은 대로 실적을 올릴 수가 없었다.

무슨 일을 하더라도 동생이 떠오르고 한밤중 갑자기 잠에서 깨 벌떡 일어나거나 낮에는 낮대로 주의가 산만한 그런 상태가 이어졌던 것 같다.

'것 같다'라고 말할 수밖에 없는 이유는 그 당시의 일은 내 자신도 분명하게 기억하지 못하기 때문이다. 동생에게 아무것도 해줄 수 없었고 무엇 하나 할 수 없었다는 회한의 심정만이 항상 내 머릿속에서 빙빙 소용돌이쳤다.

나와 동생은 어릴 적부터 굉장히 사이가 좋아 형제를 뛰어넘어 친한 친구였으며 해외에서는 미지의 환경을 눈앞에 둔 전우 같은 존재였다.

그런 동생이 '돌발성 확장형 심근증'이라는 원인 불명의 난치병에 걸려 목숨을 잃었다.

이 병을 고치는 방법은 심장 이식이 유일했으나 당

시 일본에서 이식은 허가되지 않았다. 미국에서 수술을 받을 수밖에 없었고, 수술할 경우 1억 엔(약 10억 원)의 수술비가 필요했다. 지극히 평범한 우리 집에 그러한 거금이 있을 리 없었다. 하지만 무슨 수든 쓰지 않을 수가 없었다.

모금 운동이라도 해야 하나, 어디 다른 병원으로 옮겨보는 게 낫지 않을까? 이런저런 생각으로 우왕좌왕할 때 공교롭게도 동생의 상태가 급격히 악화되었다.

입원 중인 동생은 끊임없이 약을 투여받는 모르모트(역자주: 신약 실험 대상자)처럼 보였다. 나보다 다부졌던 체격이 순식간에 쇠약해지고 점점 기력을 잃어갔다.

"미국에 한 번만 더 가고 싶어."

"기타리스트가 되고 싶었는데……."

나약한 소리를 절대 하지 않던 동생이 창밖을 바라보며 문득 이런 말을 입 밖에 낸 적이 있다. 마음이 뭉클했다. 불치병이라는 사실을 차마 동생에게는 알리지 않았지만, 생명의 불꽃이 완전히 다 타버렸다는 사실을 동생은 알아차렸는지도 모른다.

'이제 미국에는 더 이상 함께 갈 수 없고 기타리스

트도 될 수 없어. 동생은 기타리스트가 되기 위해 노력조차 할 수가 없구나…….'

이런 생각을 하자 괴로워 견딜 수가 없었다. 그러나 나보다 동생이 몇 배나 더 힘들고 괴로웠을 게 분명하다. 가슴 한구석에 슬픔인지 분노인지 알 수 없는 뜨거운 그 무엇이 복받쳐 올랐다.

지금도 그때의 원통함은 생생히 되살아난다.

미국에 데려가 심장 이식을 했다면 고쳤을지도 모른다. 사랑하는 사람을 도울 수가 없었던 원통함과 안타까움은 절대 잊을 수가 없다.

동생의 생명이 다했을 때 내 마음속에는 '독하게 살겠다'는 뜨거운 의지가 생겨났다. 동생의 몫까지 강하게 살리라. 반드시 살아남는 법을 보여주리라.

세상에는 어느 날 병에 걸려 하고 싶은 일을 하지도 못한 채 죽어가는 사람이 참 많다. 그들은 하고 싶은 일에 '도전할' 가능성조차 빼앗겼다.

도전해서 실패하는 편이 그나마 낫다. 적어도 '도전해 봤다'는 후련한 기분은 남을 것이 아닌가.

하지만 도전도 하지 않고 할 수도 없는 채 죽어가

는 것은 너무 슬픈 일이라고, 정말 아니라고 그때 마음속 깊이 다짐했다.

도전하지 않은 채 생을 마감하는 것은 도전해서 실패하는 것보다 훨씬 무서운 일이다. 그렇게 생각하자 손발이 떨려 왔다.

저것도 하고 싶고 이것도 하고 싶은데, 그 모든 것을 박탈당한 동생의 몫까지 나는 독하게 살리라. 그리고 내가 50살 이상 살 수 있게 된다면, 그 이후에는 어린아이들이나 병든 사람, 가난한 이들을 위해 내가 할 수 있는 일을 하면서 살리라.

우리가 겪은 강렬한 체험은 비록 슬픔으로 얼룩진 것이라 할지라도 원대한 꿈으로 향하는 어떤 목적을 제시해 준다.

원통함이든 슬픔이든 나만이 겪었을 경험에서 어떤 목적을 발견할 것인가. 그것을 발견할 수 있다면 이는 인생의 크나큰 원동력을 얻은 것과 다름없다.

'콤플렉스'에서
'보물'을 캐내라

나를 키우고 남도 키우는
'No fun, No gain'

고통보다
효과적인 재미

'No fun, No gain.'

즐거움 없이는 얻는 것도 없다.

영어 속담 'No pain, No gain(고생 없이는 얻는 것도 없다)'을 나만의 방식으로 바꾼 말이다.

나는 고등학교 때까지 '고생 없이 얻는 것은 아무것도 없다'며 성장을 위해서라면 고생은 당연하다고 생각했다. 어릴 때부터 하던 축구도 고된 훈련을 잘 견뎌낼수록 그만큼 더 잘할 수 있게 될 거라 믿고 열심히 했으며 일종의 쾌감까지도 느꼈다.

고교 시절 축구 연습으로 달리기를 하고 있을 때였다. 달려도 달려도 코치는 "잘했어, 그만, 여기까지"

나를 키우고 남도 키우는
'No fun, No gain'

라고 말하지 않았다. 그런데 힘들다고 느끼면서도 달리는 도중 순간 갑자기 몸이 편안해지는 것이다.

'러너즈 하이(runner's high, 역자주: 장거리 달리기에서 숨이 차고 근육이 피로한 데서 오는 고통을 완화하려고 뇌에서 엔도르핀이 다량 분비되어 생기는 성취감)' 상태가 된 것인지, 팀원들과는 "이제 못 하겠어", "더 이상 한 발짝도 움직일 수가 없어" 이런 말을 주고받으면서도 내 다리는 나의 의지와는 전혀 상관없이 계속 달리고 있는 것이었다.

"더 이상 안 되겠어. 이제 한계야."

이렇게 투덜거리면서도 계속 달리는 나라니!

"바보 아냐? 이렇게 고통스러운데도 멈추지 않고 계속 달리다니."

너무나 고통스러운 나머지 도대체 내가 왜 이렇게 열심히 뛰는지 스스로도 우스워졌다. 그런데 참 이상하게도 어느 순간 기분이 좋아지는 게 아닌가.

"야~ 이거 재미있는데, 이렇게 달리니까 말야."

분명 한계라고 생각했는데 어느샌가 '기분 좋게 열심히 뛰고 있는' 나를 발견했다. 그때 그 쾌감이란 바로 열심히 뛰고 있는 나를 또 다른 내가 칭찬해주고 있기 때문이 아닐까 한다.

똑같이 움직여도 칭찬을 받거나 누군가가 나를 인정해준다는 것을 알게 되면, 문득 내가 하는 일이 가치 있고 훌륭한 일이라 생각하게끔 된다.

나에겐 딸이 있다. 어느 날 가령 삼각이나 사각 혹은 둥근 모양의 구멍에 같은 모양의 나무 조각을 넣는 모형 놀이를 하고 있다고 가정해 보자.

딸아이는 놀이에 빠져 정신이 없다. 하지만 좀처럼 생각대로 쉽게 집어넣을 수가 없다. 삼각형을 넣어야 하는 곳에 별 모양을 넣거나 타원 부분에 둥근 모양을 넣으려고 애를 쓰거나…… 하면서 말이다.

옆에서 보고 있던 어른이 몸이 달아 "그건 그쪽이 아니잖아. 이거야"하며 끼어들면 어떻게 될까. 아이는 그 순간 흥미를 잃고 다른 놀이를 찾는다.

그러나 실수를 했을 때는 그냥 눈감아 주고 맞는 곳에 잘 끼웠을 때 "와, 잘했어. 딱 들어맞았네!"라며 다소 과장될 정도로 칭찬해 주면 아이는 무척 즐거워하며 놀이를 계속한다.

지점장이나 사장 등 소위 '장'자 직함이 붙은 사람

은 부하 직원을 칭찬하는 일이 대단히 중요한 일 중 하나라 생각한다. 매사에 부지런한 일본인은 잘하는 것을 당연하다고 생각하는지 아니면 부끄러워서 표현을 잘 못하는지 칭찬에 아주 인색하다. 그러나 똑같은 경우 미국인은 무조건 칭찬한다.

"Great!", "Excellent!" 이렇게 말이다.

일본인이 보기엔 상당히 과장된 듯한 칭찬처럼 들리지만, 그건 칭찬이 사람을 얼마나 기쁘게 하고 힘을 쏟게 하는지 미국인들은 잘 알고 있기 때문이다.

얼마 전 롯폰기 쿠츠 그린티에서 미팅을 할 때였다. 바로 맞은편 털리스 커피점에서 아주 멋진 서비스를 하는 펠로우를 보게 되었다.

매장 안은 고객들로 매우 혼잡했고, 주문 응대 일만으로도 바쁜 시간대였음에도 그 펠로우는 매장 밖에 자리가 비면 재빨리 치우고 자리를 찾는 손님에게는 친절하게 안내를 하였다.

미팅이 끝난 즉시 재빨리 그에게 뛰어가 "서비스가 아주 훌륭해, 최고야!"라고 대놓고 칭찬을 해주었다.

마침 내가 우연히 보게 된 것뿐 보통 때라면 아무

도 알아차리지 못했을지도 모른다. 통상 아무도 관심을 두지 않는 혹은 눈에 띄지 않는 일이라면 더더욱 스스로가 스스로를 칭찬해 가면서 일하는 편이 좋다.

'모두가 내심 꺼리는 이런 일을 즐겁게 하는 내가 참 대단하지 않은가.' 이런 식으로 말이다.

나의 경우도 혹독한 축구 연습을 즐거워하며 내가 나를 칭찬할 때 고통이 즐거움으로 바뀌었다.

상대의 미진한 부분은 일단 넘겨버리고
좋은 점이나 능력, 가능성을 찾아내어
그 점을 다소 과장할 정도로 칭찬한다.

스스로 열심히 하고 있다는 생각이 들면 '나도 의외로 잘하네. 여기서 또 한 걸음 나아갈 수 있겠는 걸.' 이렇게 스스로를 칭찬하며 즐거움을 만끽해 보자.

이것이 '고통'을 '즐거움'으로 바꾸어 주는 비결이다. 나아가 내가 즐기면서 한 일이야말로 나 자신을 성장하게 하는 비결이다.

나를 키우고 남도 키우는
'No fun, No gain'

사는 보람을 주는
내 사람 만들기

어떤 기업이든 초창기에는 모두 열정이 있으며 구성원의 인생을 변화시킬만한 에너지를 갖게 마련이다.

털리스 커피 사업을 하면서 지금껏 많은 펠로우들이 성장하는 모습을 쭉 지켜봐 왔다. 이것은 나의 즐거움이자 사는 보람 중 하나이기도 하다.

지금은 카페나 레스토랑을 경영하는 전직 펠로우도 많으며, 그중에서는 콜드스톤 크리머리(Coldstone Creamery) 재팬의 사장이 되어 롯폰기 힐즈(역자주: 새로운 문화 도심을 만든 최대 규모의 도시 재개발사업으로 탄생한 도쿄의 관광명소) 내에 늘 고객이 줄을 서는 아이스크림 가게를 경영하는 사람도 있다. 도처에서 그들은 자신들의 꿈을 실현

하고 있다.

그들 중 중국 다롄(大連)에서 우연한 기회에 재회했던 펠로우 이야기를 하려 한다.

2007년 여름, 나는 세계경제포럼인 '다보스 회의 (Davos Forum)'에 참석하기 위해 다롄에 갔다. 숙박을 위해 예약된 닛코호텔 로비에 들어서자마자 "마쓰다 씨이시지요?" 하며 호텔 종업원이 내 이름을 확인하는 것이다.

다보스 회의에 참석하는 사람은 특별 카드를 발급받기 때문에 입국 심사에서도 바로 통과다. 그래서 이들이 모든 참석자의 이름을 파악했구나 하며 참 대단하다고 속으로 감탄했다.

내 짐을 프런트 쪽으로 운반하면서 그는, "고타 씨, 며칠이나 머무르실 예정입니까?" 하고 물어왔다. 성뿐만 아니라 내 이름까지 알고 있어 순간 깜짝 놀라는 내게 "긴자의 털리스에서 일한 적이 있습니다"라며 그는 전후 사정을 설명했다.

그는 그전까지 일했던 대형 시중은행을 그만두고 아르바이트생으로 털리스에 들어왔다. 산와은행을 그만두고 털리스 경영에 착수한 내 경력에 흥미를 느꼈다고 한다. 은행이라는 곳은 이를테면 '맑은 날에는 우산을 빌려주고 비 오는 날에는 우산을 접는다'는 말이 있을 정도로 냉혹한 면이 있다. 그는 그 점에 염증을 느껴 퇴사하고 내 밑에서 경험을 쌓고자 털리스에 왔다.

털리스에서 지내는 1년 동안 그다음 길을 모색하던 그는 나와 일하는 동안 서비스업의 재미에 눈을 떴다고 한다.

그리고 털리스를 그만둔 후 일본 음식을 널리 알리고 싶어 식품 메이커에서 경험을 쌓은 후 닛코호텔에 입사를 했다. 그는 세계 그 어떤 고급 호텔의 서비스보다 일본 호텔의 서비스가 가장 훌륭하다고 할 수 있는 정도로 수준 높은 서비스를 펼칠 것이라는 야망을 가지고 있었다.

그는 내가 그 호텔에 묵는다는 것을 명부를 보고 알았고 내가 호텔로 들어서자 말을 건넸던 것이다. 다롄에 온 지 아직 3, 4개월도 채 되지 않았는데 중국인 교육도 담당하고 있다고 했다. 털리스에서 아르바

이트를 할 당시에는 그리 선이 굵지 않은(느낌이 강하지
않은) 인상이었는데 호텔에서 재회한 그는 관록도 붙
고 자신감에 찬 표정이어서 언뜻 봐서는 못 알아볼
정도였다.

많은 펠로우들이 털리스로부터 그들의 새로운 보
금자리를 찾아 떠나갔다.

실제 매니저로 입사한 사람 중에는 장래에 독립을
희망하는 이들도 많다. 매장매니저로서 노하우를 완
전히 터득할 수 있다면 경영자 수준에도 도달할 수
있다고 생각한다.

한 사람 한 사람에게 삶의 보람이나 의욕을 북돋아
주는 것은 윗사람으로서 가지는 하나의 책무이다.

이를 위해서는 우선 내 자신이 어떤 삶을 살아가며 내
앞에는 어떤 미래가 펼쳐질지 구체적인 비전을 보여주어
야만 한다.

살아있는 한 도전은 계속된다.

이 또한 창업자와 윗사람의 책무가 아닐는지. 감히
나는 이렇게 생각한다.

알면
좋아하게 된다

누군가에게 호감을 갖게 되면 그 사람에 대해서 알고 싶어진다. 어디에 살며, 어떤 학교를 다니고, 무엇을 좋아하고 싫어하는지. 그리고 알면 알수록 좋아하는 마음은 훨씬 더 깊어진다.

이건 연애할 때의 마음이나 연예인을 좋아하는 팬덤 심리만이 아니다.

카리스마 있는 경영자가 쓴 책이 잘 팔리는 것도 독자의 이런 마음에서 일 것이며 연예인이 선거에 당선되기 쉬운 것도 그 사람의 성격을 잘 알고 있다고 믿고 친근감을 느끼기 때문일 것이다. (텔레비전에서 그들 본연의 모습이 드러나고 있다고는 생각하지 않지만)

탁구의 후쿠다 아이나 피겨스케이트의 아사다 마오. 그녀들을 응원하고 싶어지는 것은 언론을 통해 자라온 환경이나 일상의 노력이 드러나기 때문이다.

배경을 알고 또 호감이 가는 배경이라면 좋아하는 마음이나 열정은 지속되리라 본다. 이런 이유에서 나는 펠로우들에게 털리스의 성장과정이나 이념에 대해 공부하도록 하고 있다.

자신이 일하는 회사의 성장과정이나 이념을 알게 되면 많은 장점이 있다. 우선 그것을 배우는 과정에서 회사의 창립까지 간접 체험을 할 수 있다. '나라면 이때 어떤 행동을 취했을까, 이렇게 했다면 여기서 실패하지 않았을지도 몰라.' 이와 같이 자기 나름의 방식대로 다양한 시뮬레이션이 가능하다. 그 과정을 따라가며 회사 경영에 참여할 수 있다.

두 번째로 회사를 가깝게 느낄 수 있게 된다. 큰 회사일수록 눈으로는 볼 수 없는 부분이 많아진다. 회사에서 내가 하는 일이 조직에 어떻게 작용하는지, 어떤 발자취를 남길 것인가는 조직이 커지면 커질수록 잘 보이지 않기 마련이다.

그러나 어떤 회사든 한 사람 한 사람의 열정이 일으켜 세우는 법이다. 그러한 부단한 노력과 고민을 알게 되면 회사라는 조직은 결국 사람이 만드는 것이라는 기본 정신을 온몸으로 이해할 수 있지 않을까 한다.

세 번째 장점은 초심으로 돌아갈 수 있다는 것이다. 경영자의 발자취를 따라가는 과정에서 내가 왜 이 회사에 입사했는지, 또 내가 왜 이 일을 하는지 등 이러한 근본 문제 자체를 심사숙고하게 된다.

나를 비롯하여 창업자는 자신이 하는 일에 자신의 모든 것, 인생 그 자체를 걸고 고군분투한다. 적어도 그 열정의 남은 열기 정도라도 느껴주었으면 한다.

이 세 가지 이점은 일을 하면서 가장 소중한 열정을 끊임없이 태울 수 있는 불씨라 할 수 있다.

같은 작업을 몇 년씩이나 계속하다 보면 어느새 일에 타성이 붙게 된다. 이상은 멀게만 느껴지고 움직임은 둔해져 번뜩번뜩한 아이디어가 빛날 확률은 확연히 줄어든다. 이럴 때 내가 몸담고 있는 회사가 생겨난 경위나 배경을 떠올려 본다.

부부든 혹은 연인이든 권태를 느낀다면 처음 만난 시절의 마음이나 행동을 떠올려 보거나, 가능하다면 그것을 재현해 보면 좋다고들 한다. 일도 마찬가지다. 배경을 알고 일하는 사람과 모르고 일하는 사람과는 의식과 동기 부여에 커다란 차이가 있다.

이념 없는 회사나 경영자 밑에서 일하는 것이 재미가 없는 이유가 바로 여기에 있다.

일의 보람이나 그 회사에서 일하는 재미를 부여하지 못하는 상사나 회사는 그것만으로도 미래가 꽉 막혀 있다고 해도 과언이 아니다.

쓰레기 더미 속에서
기회를 발견하다

내가 음식업에 흥미를 갖게 된 계기는 일본에서 먹었던 회전 초밥에서 비롯되었다. 그때부터 언젠가는 나도 일본 음식을 세계에 널리 알려야겠다는 커다란 꿈을 품고 살아왔다.

아득히 멀게만 느껴지는 목적이더라도 항상 그 목적을 시야에 두고 있으면 내가 걸어갈 길을 착각할 수 없다. 무엇을 하더라도 나의 의식은 그쪽으로 쏠리게 된다. 갈림길에 서더라도 망설이거나 고민하는 일이 줄어든다.

머릿속에 행복한 이미지가 있기 때문에 그 이미지에 가까이 갈 수 있도록 우리의 뇌가 몸과 마음을 움직인다.

미국에서 했던 아르바이트도 패스트푸드점 등 대부분이 외식 관련 일이었다. 일본에 돌아와서도 대학 시절에는 선술집(이자카야)에서 아르바이트를 했다.

미식축구부 연습이 끝나는 시간은 밤 11시쯤이어서 새벽까지 일할 수 있는 곳은 없을까 하고 이곳저곳을 찾아다녔다. 쓰쿠바(筑波, 역자주: 연구와 교육을 위한 계획도시)라는 도시 성격 탓인지 아침까지 여는 가게는 패밀리레스토랑 외에는 거의 없었다.

그래서 사우나는 어떨까, 사우나 안에 음식점은 없을까 하고 찾아본 결과 새벽 4시까지 영업을 하는 선술집을 찾아내 그곳에서 아르바이트를 시작했다.

꼬치구이, 생선구이, 찜 등. 그 가게에서 만드는 기본이 되는 일본 요리는 내 눈이나 혀에도 참으로 신선했다. 게다가 가장 기본 요리인 카레라이스를 만들 때에도 "낫토(納豆)와 달걀을 섞으면 맛이 있지"라고 점장은 가르쳐 주었다. 실제로 기가 막힌 그 맛에 나는 혀를 내둘렀다.

산와은행에 입사하여 쓰지우라 지점에서 아카사카 지점으로 발령이 났을 때 좋았던 것 중에 하나는 아카사카에는 레스토랑 등 음식 관련 가게가 많다는 점이었다. 맛집 탐방이 가능했던 점도 즐거움의 하나였지만 은행원으로 뛰어들어 계약을 따내는 거래처도 음식 관련 가게가 많았기 때문이기도 했다.

은행원으로서 가게 경영 상태를 숫자로 파악하는 것은 당연하다. 하지만 그 외적으로도 손님의 눈높이로 맛은 어떤지, 가격은 적절한지, 서비스는 괜찮은지 등 역시 몸소 실감할 수 있었다. 그러면서 '이 아이디어는 참 좋은데', '이것은 하지 않는 것이 더 낫겠는 걸' 하면서 경영자 관점으로 바라보게 되기도 하였다.

그러한 모든 것은 내가 창업할 때에 중요한 참고가 될 것이 분명했기에 자연스레 힘이 들어갔다.

당시의 나는 목적은 있었지만 구체적인 목표는 정해지지 않았었다. 하지만 가게에 들어가 경영자의 안목으로 가게를 다시 둘러보기만 해도 목표를 향해 서서히 나아가고 있다는 실감이 들었다.

이렇게 무의식중에도 안테나를 쫑긋 세우고 있던 나는 친구 결혼식 참석차 갔던 보스턴 길거리에서 스페셜티 커피 한 잔을 마시게 되면서 운명이 180도로 바뀌었다.

"마쓰다 씨가 털리스 커피를 만난 것은 정말 행운이었지요. 나도 그러하지만 대부분의 사람은 운명을 뒤바꿀만한 대상을 만나기가 좀처럼 쉽지 않거든요."

종종 이런 말을 듣는다.

하지만 이것도 최대한도로 안테나를 꼿꼿이 세워 눈을 동그랗게 뜨고 찾았기 때문이다. 이 안테나가 아니었다면 털리스 커피를 마시더라도 '아, 맛있네' 하며 이 정도의 감상만으로 끝났을지도 모른다.

실제로 내가 털리스 재팬을 창업했을 때 몇몇 사람들로부터 "스페셜티 커피는 일본에서도 인기 있고 잘 될 줄 알았어. 한번 해볼 걸 그랬어"와 같은 말을 들었다.

하지만 음식업 관련 창업을 계획하고 있던 나의 안테나 덕에 다른 사람이라면 "~했다면, ~할 걸"로 끝나버리고 말 일을 확실하게 포착할 수 있었다. 지금도 그 안테나는 끊임없이 그 기능을 발휘하고 있다.

현재 나는 롯폰기 힐즈에 매장을 둔 크레이프&갈

레트(역자주: 프랑스에서 디저트나 간식으로 애용하는 팬케이크 형태의 달콤한 빵과자) 전문점인 '푸티카톨즈'를 만들어 출자하고 있다. 이것도 어린 시절 프랑스에서 먹어본 메밀가루로 만든 갈레트(galette)를 다시 먹어보면서 "이 맛 참 괜찮은데!" 하고 안테나가 이를 포착했기 때문이었다.

일본인은 크레이프(crepe)라는 말을 들으면 달콤한 디저트만 떠올리는 사람이 많지만 메밀가루로 만든 크레이프라면 일본인의 미각에도 틀림없이 통할 거라고 안테나에서 신호가 왔다.

'티끌 모아 태산'이라는 속담이 있다. 목적 없는 사람에게 '티끌'은 그저 티끌일 뿐이다. 하지만 확실한 방향성을 가진 사람에게는 티끌과 같은 경험은 쌓이고 쌓여 어느샌가 '태산'이 되어 나타난다.

하찮다고 생각해 무심히 지나쳐버릴 수도 있는 아주 사소한 것일지라도 나의 목적을 향해 겨냥하고 마음에 품는다면 반드시 무언가는 걸려들게 된다.

그것은 '보물의 씨앗'이다. '보물의 태산'이 되기 위한 핵심이다.

때에 따라 도중에 목표가 바뀐다 하더라도 눈앞의 사사로운 사건, 티끌로밖에는 보이지 않는 것도 쌓이면 산이 된다는 사실을 알고 있는 사람과 모르는 사람은 시간이 지나면서 명확한 커다란 차이를 보이게 된다.

나의 체험상 백 퍼센트 확신한다.

나를 키우고 남도 키우는
'No fun, No gain'

열정과 긴장을
착각하지 마라

세세한 사항까지 두루 주의가 미치는 사람과 그렇지 못하는 사람의 차이는, 실제 일을 시작했을 때 어디에 무게 중심을 두어야 하는가 하는 판단력에서 드러난다.

앞에서 나는 일을 할 때 열정의 중요성에 대해 이야기했다. 열정이 있다면 대부분의 일은 잘해낼 수 있다고 말이다.

일을 향한 열정은 절대조건으로 반드시 필요하지만, 아쉽게도 그것만으로는 충분하지 않다는 사실을 통감한 사건이 하나 있었다.

예전에 부하 직원 중 유독 나를 잘 따랐던 한 사람

에게 개인으로 출자한 매장 하나를 맡긴 적이 있다.

"고타 씨처럼 회사를 차리고 싶습니다!"

"고타 씨를 위하는 일이라면 죽을 각오로 열심히 하겠습니다!"

"무슨 일이든지 하겠습니다!"

이런 열의에 찬 말과 행동에 '대단하다, 참 대단한 열정이야'라고 감동하면서,

"그럼 한 번 해보십시오" 하고 매장 하나를 맡겼다.

실제로 그는 잠잘 시간도 아껴가며 열심히 일을 해주었다. 하지만 안타깝게도 매출이 좋지 않았다. 그리고 매장 내 다른 직원의 말을 빌리자면 '도저히 구제 불능'이라고 했다. 예를 들어 완성된 요리를 내놓을 때 접시 가장자리에 얼룩이 묻어 있어도 개의치 않고 손님에게 내놓는다는 것이다.

"지저분한 접시를 쓰면 안 되지요."

누군가가 주의를 주면,

"아, 몰랐습니다. 하지만 요 정도 묻은 것도 안 되나요? 아주 미세한 얼룩이라 얼핏 봐서는 눈에도 잘 안 띄는데요. 손님이 혹시 뭐라고 하면 그때 바로 바

꿔도 되지 않을까요?"

하고 되받아 물었다.

얼룩이 묻은 접시를 손님에게 내놓는 것부터가 말도 안 된다는 것을 알지 못했다.

창업을 하고자 하는 꿈을 가지고 있고 그러한 열정 또한 분명 있었지만, 세부 사항에까지 시선이 미치지 못했던 것이다. 그는 커다란 목적을 위해 세세한 일에는 신경 쓰지 않았다.

하지만 그래서야 제아무리 열정이 있다 하더라도 성공하기는 어렵다고 본다. 당연한 말이지만 그러한 사람은 어떤 업종에서 일하더라도 고객의 마음을 백 퍼센트 사로잡을 수 없기 때문이다.

나는 주변에 이직이나 전직 혹은 창업을 준비하는 사람이 있다면, 무언가 좋은 생각이 났거나 아이디어가 번뜩 떠올랐다 하더라도 바로 실천에 옮길 것이 아니라 단기간이라도 우선 같은 직종의, 이를테면 가게 같은 데서 실제 일을 해보면서 경험을 쌓으라고 늘 권하고 있다.

카페를 하고 싶으면 카페에서, 라면집을 하고 싶으면 라면집에서 일해 보라.

그 분야에서 성공한 가게나 주인들은 어떤 점에 정성을 쏟으며 무엇을 소중히 여기는가? 손님들은 어떤 경우 기뻐하고 무엇을 꺼리는가?

몸소 경험해 보면서 나라면 이렇게 할 텐데 하는 식으로 개선 가능한 점을 찾는다. 또한 개선점이나 아이디어를 내면 점장은 과연 뭐라고 답할까 등을 생각하면서 일해 보자.

이와는 반대로 사람을 채용하는 입장, 사람을 관리하는 입장에서는 상대의 열정이 어디에서 나오는지를 잘 지켜볼 필요가 있다.

맡은 일에 어느 정도로 정성을 쏟을 수 있는가? 표면적인 이력만이 아닌 성장과정이나 일을 하면서 배우고 느낀 점 등을 포함한 상대의 파악은 면접 현장에서 느끼는 열기 이상으로 중요한 요소이다.

나를 키우고 남도 키우는
'No fun, No gain'

정말로 기쁜 사람은
칭찬하는 쪽

대개 우리는 칭찬하기보다는 칭찬받기를 원하기 마련이다. 칭찬받는 쪽보다는 칭찬하는 쪽이 몇 곱절 기분이 더 좋다는 사실을 아는 사람은 당연히 많지 않다.

어린아이들은 칭찬받으면 아주 솔직하게 기뻐한다. "그림을 참 잘 그리네", "착하기도 하지" 등 이런 식으로 칭찬하면 아주 좋아한다. 그 미소를 보는 것만으로도 칭찬하는 쪽이 몇 곱절이나 더 큰 기쁨을 맛본다. 그런 경험은 누구에게나 있지 않을까.

칭찬하는 쪽과 칭찬받는 쪽, 양쪽은 마음의 캐치볼을 하고 있는 것과 같다. 공을 던지는 쪽이나 받는 쪽이나 공의 왕래가 즐겁고 기쁘다.

서비스업의 기본은 바로 이런 마음의 캐치볼이다.

마음을 다해 만든 맛있는 커피를 내놓았을 때, 손님으로부터 "이 커피 정말 맛있네요!"라는 말을 들을 때면 맛있다고 느낀 손님 이상으로 그 커피를 만든 당사자는 몇 배의 기쁨을 느끼게 된다.

상대를 추켜세우는 것을
나의 즐거움으로 여기고 칭찬을 하게 되면
행운의 바람은 반드시 내 쪽으로 불어온다.

예를 들면 미소 띤 얼굴은 서비스업에는 빠트릴 수 없는 요소이지만 마음에서 우러나오는 기분 좋은 미소를 지을 수 있는 사람은 의외로 적다.

펠로우 중에서도 친구 앞에서는 귀엽게 기분 좋은 미소를 짓지만 손님 앞에 서면 그런 모습은 나오지 않고 어색한 미소가 되어버리고 마는 사람이 있었다.

그와 같은 사람에게는 평상시에 이야기를 하다가도 그가 마음에서 우러나온 미소를 지을 때면 "웃으니 무척 멋진데"라며 일부러 칭찬을 하곤 했다.

상대는 부끄러워하면서도 기쁜 티를 낸다. 칭찬하는 순간 그 사람은 어떻게든 미소를 지으려는 마음이 싹트지 않을까. 그 싹을 잘 키워갈 수 있도록 계속 칭찬해 주면 된다.

나는 시간이 있을 때마다 전국에 있는 털리스 매장을 돌아다닌다. 어색하게 미소 짓던 사람이 멋진 미소를 지어 보이면 순간 그 자리에서 "미소가 참 멋있습니다" 하고 칭찬을 하곤 했다. 그러다 보면 내가 돌아갈 때쯤 그 펠로우는 정말로 자연스럽고 멋진 미소를 짓고 있다.

그런 미소로 배웅을 받으며 매장을 나설 때처럼 신나는 일은 없다.

미소는 그 사람이 지닌 보석이다.

"고타 형은 웃는 얼굴이 훨씬 멋있는데."

세상을 떠난 동생이 내 면허증을 보면서 한 말이다. 미국에 살던 때였다. 동생의 그 말은 여태껏 내가 미소 지으며 살아온 날이 과연 얼마나 되는가를 반성하게끔 한 계기가 되었다. 고교 시절까지는 축구부,

대학 시절은 미식축구부 이렇게 줄곧 체육동아리에서 활동했던 나는 가벼워 보이면 안 된다는 일념으로 살아왔다. 상대가 나를 두려워하고 있는 것을 대접받는다고 착각하며 그렇게 처신했던 것 같다.

하지만 동생의 그 한마디가 마음속 깊이 사무쳐 그 후 사람을 대할 때나 기쁠 때에는 솔직하게 미소를 지을 수 있게 되었다.

동생은 내게 미소라는 보물이 있다는 사실을 깨닫게 해주었다.

그래서 나도 많은 사람이 이 점을 깨달았으면 하는 마음에 계속 칭찬을 한다.

"당신의 미소, 참 기가 막히게 멋집니다"라고.

나를 키우고 남도 키우는
'No fun, No gain'

최초의 질문에는
우선 박수를

수줍음 잘 타는 성격을 미덕 중 하나라 생각하는 일본인이 여전히 많은 듯하다.

하지만 특히 비즈니스에서만큼은 이 '미덕'은 잊어버렸으면 한다.

일본은 아시아 지역에서 경제력으로는 제1위이다. 하지만 희한하게도 아시아 지역을 아우르는 세계적인 기업에서 최고경영자가 된 일본인은 매우 드물다.

예를 들어 초콜릿으로 유명한 고디바(Godiva)가 있다. 이 상품은 아시아 지역 중 일본에서 압도적으로 잘 팔리고 있다. 한국이나 필리핀, 싱가포르 등의 판매량과 비교하면 일본에서의 판매량은 그 몇 배나 된다.

그 판매력이나 노하우를 아시아의 다른 나라까지 넓혀 가려 한다면 당연히 일본 사람이 아시아 지역 총책임자가 되어야 한다. 하지만 신기하게도 고디바의 아시아퍼시픽 사장은 홍콩 사람이다.

　짐작하건대 그 이유는 섬나라에 사는 일본인은 아시아 여타 국가 사람들과는 달리 마음 편히 다른 나라를 오가지 못한다. 그 때문에 타국에서 받는 문화 충격이 커 그 지역에 좀처럼 동화되지 못하는 탓도 있다.

　하지만 앞서 말한 것처럼 오히려 세계 제2위라는 일본 경제력에 안주하여 살기 편한 일본을 군이 벗어나 타국에서 뭔가 이뤄보고자 하는 도전정신이 없어 '우물 안 개구리'가 되어버린 이런 이유가 아마도 가장 크다 하겠다.

　얼마 전 중국에 갔을 때 그 지역의 스타벅스를 구경하다가 놀랐던 적이 있다.

　다름 아닌 직원의 이름표에 '앤디'나 '피터' 등의 이름이 붙어있었기 때문이다.

그들의 영어는 빈말이라도 유창하다고는 할 수 없을 만큼 서툴렀다. 토종 중국인다운 외모와 영어 이름이 영 어울리지 않는 데다가 너무 우스워 나도 모르게 불쑥 질문을 던지고 말았다.

"음, 영어도 서툴고 서양인도 아닌데 왜 이름은 '앤디'인 거죠?"

"영어가 안 되니 이렇게 이름을 붙여서라도 영어 공부를 열심히 하고 있는 거예요."

직원은 서툰 영어로 친절히 대답해 주었다.

그만큼 그들은 서양 문화에 녹아들어 세계 공통어인 '영어'를 인정하고 필사적으로 영어를 익히려 하고 있었다. 정치적으로는 이런저런 제약이 있지만 그런만큼 경계를 허물기 위해 노력하고 있는 모습이 보였다.

나는 그 말에 감동하여 방금 전 웃어버릴 뻔했던 나 자신이 부끄러워졌다. 입장을 바꾸어 일본의 경우 털리스나 스타벅스에서 일본인 직원 이름표에 '피터' 따위 이름이 붙어 있다면 위화감 정도가 아니라 분명 장난치는 것이라 생각할 것이다.

그러나 앞으로 세계 비즈니스는 그야말로 경계가 없다. 신규 사업을 시작할 때는 처음부터 외국 진출을 염두에 두어야 한다. 그렇다면 영어는 필수불가결한 요소이다. 중국 사람들은 그 점을 십분 이해하여 상대방이 부르기 쉽도록 명찰에도 '피터 리' 등으로 적으며 열심히 영어를 배우며 동화하려 애쓰고 있다.

일본인의 어학 실력이 좀처럼 늘지 않는 이유로 부끄럼 잘 타는 성격을 흔히들 말하곤 한다.

하나 떠오르는 것이 있다. 미국에 살 때 아버지는 내 명함에 '고타·겐·마쓰다'라고 써넣었다. 일본 이름은 상대가 발음하기도 쉽지 않고 기억하기도 어려우니 상대가 부르기 쉬우면서도 부자연스럽지 않도록 '겐'이라는 미들 네임을 붙였던 것이다.

"겐이라니, 이게 대체 무슨 말이야" 하며 웃기도 하였지만 지금 생각해 보면 아버지는 30여 년 전부터 글로벌한 시야를 가지고 계셨던 셈이었다.

비즈니스에서만큼은 '부끄럽다'는 의식은 일단 제쳐두어야 한다. 수치심이나 부끄러움이라는 개념은 거만함과 종이 한 장 차이이다. 열정으로 매진할 때에

나를 키우고 남도 키우는
'No fun, No gain'

는 부끄러움이나 수치심 따위는 집어던지고 임해야 할 때도 있다.

나는 회의를 하면서 "혹시 질문 있습니까?" 하고 물었을 때, 가장 먼저 질문하는 사람에게는 그 질문의 내용에 상관없이 우선 박수를 보내며 높이 평가한다.

'이런 질문을 하면 바보 취급을 당하는 건 아닐까, 혹시 비웃음을 사지는 않을까' 하는 수치심 따위 전혀 개의치 않을 만큼 알고 싶은 것이 있고 하고 싶은 것이 있다는 방증이다. 무엇보다도 나는 그런 열정이 넘치는 사람과 함께 일하고 싶다.

2007년 9월 나는 털리스 커피 재팬 사장 자리를 퇴임했다.

그리고 1997년 8월 7일에 1호점을 오픈한 지 마침 10년이 흘렀다.

내 손으로 만들어 제로에서 지점 3백 개 이상 오픈이라는 성과를 올렸던 회사 경영에서 물러나면서 마치 딸을 시집보내듯 말로는 형언할 수 없는 허전함이 밀려오며 가슴이 뜨거워졌다.

하지만 그 허전함이나 불안감을 뛰어넘어 지금 또다시 새로운 출발 지점에 서 있다.

인생의 목적으로 향하는 새로운 '5년'이 시작되었다.

나의 목적은 지금까지 여러 차례 이야기한 대로 '음식을 통해 문화의 가교 역할'을 하는 것이다.

그리고 새로운 5년의 커다란 목표는 '나의 성장과 한

단계 높은 다음 무대로 나아가기 위한 기초공사 기간'으로 정했다. 구체적으로 오픈할 매장 수, 즉 수치상 목표도 이미 정해놓았다.

일의 내용은 크게 두 가지로 나뉜다.

하나는 아시아 외식산업의 발전에 초점을 맞춘 펀드경영이다. 2008년 초두에 AFCM(Asia Food Culture Management)을 싱가포르에 세우고, 일본을 제외한 아시아 태평양 전역의 털리스 커피 권리를 오십 퍼센트 취득하여 이미 다점포 전개 파트너로서 활동을 시작했다.

AFCM에서 앞으로 일본계 외식 기업 등에도 출자를 해나갈 계획이다.

일본의 음식 문화는 내가 30여 년 전에 예견했듯이 세계 각국으로부터 많은 사랑을 받고 있다. 하지만 무슨 이유에서인지 일상적으로 즐길 수 있는 체인점은 해외에서 크게 성공한 예가 아직 없다.

맥도날드의 매장 수를 살펴보면 미국 내에는 약 1만 4천 개가, 전 세계에는 약 3만 개가 있으며, KFC의 경우 미국 내에는 약 5천 개가, 전 세계에는 약 1만 5천 개가 있다.

이에 비하면 일본 체인점은 여태껏 대부분이 일본 내 매장에만 무게를 두고 적극적으로 해외 공략을 노리는 곳이 없는 듯하다. 요컨대 우물 안 개구리 식이다.

AFCM에서 음식 문화의 가교로서 토대 공사를 목표로 하고 있다.

두 번째는 미국 샌드위치 체인인 퀴즈노스의 아시아 태평양 지역 사장직이다.

일본에서는 아직 알려지지 않았지만 퀴즈노스는 미국에서 5천 5백 개 이상의 매장 수를 자랑하는 전 세계에서도 일류 샌드위치 체인이다.

퀴즈노스는 JP모건을 중심으로 구성된 팀이 창업자로부터 회사를 사들여 지금까지 크게 관심을 두지 않았던 해외에 적극적으로 매장을 오픈하기 시작했다. 그러한 새로운 사업 계획을 책정할 무렵 때마침 제안을 받게 되었다.

비교적 단기간이 될 수도 있겠지만 이 사업을 맡기로 했다.

하지만 주위에서 반대의 목소리도 들려왔다.

그도 그럴 것이 퀴즈노스의 직함은 아시아 태평양 '사

장'이기는 하지만 사실상 고용된 사장이며 말하자면 대기업의 하나의 톱니바퀴에 지나지 않았기 때문이다.

물론 어느 정도 성공한 창업자는 최전선에서 물러난 후에는 유유자적한 생활을 보내는 경우가 대부분이다. 왜 구태여 샐러리맨으로 다시 돌아가려 하려는가 하고 의아하게 여길 만도 하다.

사실 지금까지 가진 것 하나 없이 몸뚱이 하나로 회사를 세우고 자유분방하게 경영해 온 내게 다소 숨이 막히는 부분이 있을 수도 있다.

하지만 나의 다음 5년은 '성장'이 목표이다.

그런 내게 대성공을 안겨준 대기업 체인에서 근무하는 것이란 스스로에게 부족한 부분을 공부할 수 있는 절호의 기회라 할 수밖에 없다.

여기에 자존심이 들어갈 여지는 없다.

지금 나는 5년 후 성장한 내 모습을 상상해 보면서 실로 기대로 들떠 있다. 거친 파도에 휩쓸릴지라도 가시밭 길이라 할지라도 그 고생은 모두 나의 자양분이 되리라 생각하면 미래가 몹시 기다려지기만 할 뿐이다.

5년 후 또 어떤 모습으로 여러분께 다음 목표를 이야기 할 수 있을지 벌써부터 즐거워 견딜 수가 없다.

바라건대 이 책에 공감을 보여준 독자 여러분과 함께 즐겁고도 충실한 5년을 보내고 싶다!

2008년 2월 늦깎이로 시작한 박사과정을 온갖 우여곡절 끝에 4년 만에 졸업한 나는 지체 없이 다음 달 3월에 일본 도쿄행 비행기에 몸을 실었다. 명분은 문화 활동 비자를 받아들고 일본 무사시(武蔵) 대학 초빙 객원연구원 자격이 었지만 실은 그동안 찌들 대로 찌든 몸과 마음을 추스르고 싶어서였다. 나는 도쿄 이케부쿠로(池袋)에 1년간 지낼 작은 보금자리를 마련하였다. 내 생애 두 번째로 자유롭고 잔뜩 기대에 부푼 일본 땅에서의 호사는 그렇게 시작되었다.

아, 그런데 이게 웬일인가? '가는 날이 장날'이란 이럴 때 쓰는 말인가 보다. 그해 9월부터 세계 금융시장이 곤두박질치면서 일본에까지 환율 여파가 억세게 불어닥쳤다.

가뜩이나 비싼 생활비가 환율 폭등으로 갑절로 뛰면서 날마다 통장 잔고를 확인하며 하루하루 버티는 고단한 생활이 이어졌다. 벼르고 벼르던 일본에서의 호사스러운 생활은 고작 여섯 달도 넘기지 못했다.

매스컴에서는 날마다 암울한 세계금융, 경제 관련 뉴스만 쏟아냈다. 하루가 멀다 하고 오르는 국내(한국) 환율과 금리, 끝을 알 수 없는 주가 폭락 등 내일을 예측하는 일은 무의미해 보이기까지 했다. 도쿄 역시 거리에 실업자가 넘쳐났고 비정규직 취업마저도 하늘의 별 따기가 되어버렸다. 심지어 당시는 두 달 전 20대 비정규직 회사원이 생활고와 세상에 앙심을 품고 도쿄 아키하바라(秋葉原)에서 불특정 다수를 대상으로 무차별 살인을 일으켜 일본 사회를 뒤숭숭하게 한 터였다. 안팎으로 이런저런 암울한 뉴스 탓에 일본에 드리워진 무겁고 우울한 그림자는 쉽게 가시지 않을 태세였다.

그런 생활이 지속되던 어느 날 무사시 대학 도서관 금주의 신간 코너에서 맞닥뜨린 것이 바로 이 책『仕事は5年でやめなさい(직장은 5년 되면 그만두어라, 한국어판: 나는 5년마다 퇴사를 결심한다)』였다. 허를 찌르는 책 제목만으로도 흥미와 궁금증을 불러일으켰고 단숨에 나의 마음을 확 끌어당겼다.

전 세계를 강타한 금융 위기 속에서 가뜩이나 위축되고 위태로운 직장인들은 이 거대한 쓰나미를 무슨 수를 써서라도 헤집고 버텨내야 할 판인데…… '직장은 5년 되면 그만두라'라니?!

'직장은 5년 되면 그만두라'는 역발상의 참뜻은 이렇다.

- 일단 직장에 들어가면 5년 동안 배울 수 있는 모든 것을 몽땅 배워라.
- 배워서 스스로 성장하겠다는 의지와 자세만 갖추어지면 그 어떤 어려움도 견뎌낼 수 있다.
- 인생의 목적과 목표를 분명히 해라.
- '무슨 일이든 재미가 없으면 얻는 것도 없다(No fun, No gain)'는 마음가짐이 멀리, 그리고 더 오래 달리게 한다.

그렇다. 평생직장이란 이젠 옛말이 되어버린 지 오래다. 직장과 직장인의 트렌드가 변화하고 있다. 회사는 능력 있는 소수만을 찾게 되고 생애 첫 직장을 평생 함께하겠노라 다짐하는 직장인 또한 거의 없다.

끊임없이 공부하고 역량을 강화하지 않는 한 자신의 의지와 상관없이 끝까지 살아남을 수 없게 되어버렸다.

돌이켜보면 나의 지난날도 5년 주기로 각기 다른 스토리와 새로운 도전, 그리고 다양한 만남으로 차곡차곡 채워졌다. 참으로 신기하다.

하루 24시간은 누구에게나 똑같이 주어지는 가장 공평한 선물이다. 그리고 성공이란 공평하게 주어진 시간이라는 기회에 자신이 쏟아부은 노력과 마음에 비례하기 마련이다. 운명에 우연이란 없다. 운명을 대면하기 이전부터 스스로 자신의 운명을 만들 뿐이다. 나 역시 그랬다.

오랫동안 준비하고 혼자만의 멋진 긴 외박을 꿈꾸며 날아온 일본 땅에서 당초 예상했던 두 배의 대가를 치르면서 군색해진 생활에 마음조차 가난해져 꿈이고 뭐고 다 날아가 버리려던 찰나 이 책을 만나 눈이 뜨이고 커다란 인생 공부를 경험한 것이다. 또 이렇게 번역본까지 세상에 내놓게 되니 그저 만감이 교차한다.

2008년 1년간 나의 일본 생활은 겉으로 드러난 덧셈 뺄셈만으로는 손해난 장사였지만 이 책과의 인연으로 몇 곱절 되돌려 받은 듯 뿌듯해지니 인생의 인연이란 아무리 생각해도 참 묘해서 흥미진진하고 흐뭇하다.

　꿈꾸는 자는 그 꿈을 닮아간다고 한다. 생생한 경험 덩어리로 써내려간 이 책이 독자 여러분이 간절히 그리는 꿈을 여러분의 인생에서 생생히 그대로 재현할 수 있도록 하나의 이정표가 되어 주리라 확신한다.

　지금 당장 생각을 바꿔 보자.

5년 후 회사를 그만둔다고 생각하고 오늘을 살자.

지금의 오늘과는 전혀 다른 오늘로 다가올 것이 분명하다.

그만둔다고 결심하는 순간 새로운 내일이 펼쳐질 것이다.

2016년 4월

오경순